周蓓 主編

專題史叢書

郎擎霄 撰述

河南人民出版社

中國民食史

本書從谷類食物溯源開始着手，首先闡述糧食問題的理論，其次敘述歷代糧食政策及各國糧食政策，最後提出今後糧食問題的解決方案。以科學方法進行系統研究，是一本不可多得的中國糧食史專著

圖書在版編目(CIP)數據

中國民食史 / 郎擎霄撰述. —鄭州 : 河南人民出版社, 2016. 10(2017.7 重印)
(專題史叢書 / 周蓓主編)
ISBN 978-7-215-10503-4

Ⅰ. ①中… Ⅱ. ①郎… Ⅲ. ①糧食-經濟史-中國 Ⅳ. ①F326.11

中國版本圖書館 CIP 數據核字(2016)第 256642 號

河南人民出版社出版發行
(地址 : 鄭州市經五路 66 號 郵政編碼 : 450002 電話 : 65788063)
新華書店經銷 河南新華印刷集團有限公司印刷
開本 710 毫米×1000 毫米 1/16 印張 15.5
字數 120 千字
2016 年 10 月第 1 版 2017 年 7 月第 2 次印刷

定價 : 100.00 圓

出版前言

中國現代學術體系是在晚清西學東漸的大潮中逐步形成的。至民國初建，中央政治權威進一步分散和削弱，加之新文化運動帶給國人思想上的空前解放，新學的啓蒙，新知識分子的産生，民國學術如草長鶯飛，進入一個自由而蓬勃的時代。中國傳統學科乃中國學術之根基與菁華所在，民國學人采用『取今復古，别立新宗』之方法，引入西方的學術觀念，積極改造，使史學、文學等學科向現代學術方向轉型。此外，大力推介西方社會科學的新學科和自然科學，在學習、借鑒乃至移植西方現代學術話語和研究範式的過程中，逐漸建立中國現代學科，使中國的學科門類迅速擴展。一時間，新舊更迭，中西交流，百花齊放，萬壑争流，開創了中國現代學術的源頭。

伴隨知識轉型和研究範式轉换而來的，還有學術著作撰寫方式的創新。中國古代的著作向來以單篇流傳，經後人整理匯編後，方以成册成集的面目出現并持續傳播。直到十九世紀末，東西方的歷史編撰體裁不外乎多卷本的編年體、紀傳體和紀事本末體等，章節體的出現標志着近代西方學術規範的産生和新史學的興起。章節體具有依時間順序，按章節編排；因事立題，分篇綜論；既分門别類，又綜合通貫的特點。以章、節搭建起論述之框架，結構分明，邏輯清晰，較傳統的撰寫體裁容量大、系統性强。它的傳入，使中國現代學術體系從内容到形式被納入了全球化的軌道。民國時期專題史的研究、譯介、編纂、出版恰恰是在這樣的背景下欣欣而發，是學術的實驗場，也是歷史的記録儀。編選『民國專題史』叢書的初衷正是爲了從一個側面展示中國學術從傳統向現代過渡的歷史進程。

專題史是對一個學科歷史的總結，是學科入門的必備和學科研究的基礎，也是對一個時代艱深新鋭問題的解答，是學術研究的高點。民國專題史著作中，既包含通論某一學科全部或一時代（區域、國别）的變化過程的，又囊括對一時代或一問題作特殊研究的，還有少部分是對某一專題的史料進行收集的。原創與翻譯并重，翻譯的底本大多選擇該學科的代表著作或歐美大學普及教本，兼顧權威性和流行性，其中日本學者的論著占據了相當比重。日本與中國同屬東亞儒家文化圈，他們在接納西方學術思想和研究模式時，已作了某種消化與調適，從思維轉換的角度看，更便于中國借鑒和利用，他們的著作因而被時人廣泛引進。

與當代學術研究日趨專業化、專門化、專家化的『窄化』道路迥乎不同的是，中國傳統學術崇尚『學問主通不主專，貴通人不尚專家』的通識型治學門徑，處于過渡轉型期的民國學術在不同程度上保留了這種特徵。民國學術大師諸學科貫通一脉、上千年縱横捭闔之功力自不待冗言，外交家著倫理政治史、文學家著哲學史、化學家著戰争史等亦不乏其人，民國專題史研究呈現出開放、融通、跨界撰述的特點。與此同時必須看到，自晚清以來，中國的命運就在外侮屢犯、内亂頻仍的窘境中跌宕彷徨，民族存亡仿若命懸一綫。這股以創建學科、總結經驗、解決問題爲指歸的專題史出版風潮背後，包裹着民國學人企望以西學爲工具拯民族于衰微的探索精神，及以學術救亡的愛國之心。梁任公曾言：『史學者，學問之最博大而最切要者也，國民之明鏡也，愛國心之源泉也。』這種位卑未敢忘憂國的歷史使命感和國民意識是今人無法漠視和遺忘的。

『民國專題史』叢書收録的範圍包括現代各個學科，不僅限于人文社會科學，學科分類以《民國總書目》的分科爲標準，計有哲學、宗教、社會、政治、法律、軍事、經濟、文化、藝術、教育、語言文字、中國文學、外國文學、中國歷史、西方史、自然科學、醫學、工業、交通共19個學科門類。本叢書分輯整理出版，内不分科，單本發行，方便讀者按需索驥。既可作爲大專院校圖書館、學術研究機構館藏之必備資源，也可滿足個人研讀或興趣之收藏。

與目前市場已有的一些專題史叢書相比，『民國專題史』叢書具有規模大、學科全、選本精、原版影印的特點。本叢書選目首重作者的首創、權威和著作影響力，尤其注重選本的稀見性。所謂稀見，即建國後没有再版，且多數圖書館没有收藏，或即便有收藏，也是歸于非公開的珍本之列予以保存，普通讀者難以借閲。部分圖書雖有電子版，但作爲學術研究的經典原著讀本，紙質版本更利于記憶和研究之用。本叢書精揀版本最早、品相最佳的原版圖書作爲底本，因而還具有很高的版本收藏價值。

『民國專題史』的著作是民國學者對于那個時代諸問題之探究，往往有獨到之處，無論其資料、觀點短長得失如何，要之在中國現代學術史的構建與發展進程中，自有其開宗立論之地位。

序

予於民國十八年冬着手編著中國民食政策，首闡民食問題之理論，次述中國歷代民食政策及各國民食政策，末復提出今後民食問題解決方案；蓋欲以科學之方法，爲有系統之研究也。惟全稿卷帙繁重，印費不貲，公之於世，待諸異日。今商承商務印書館王雲五何柏丞諸先生同意，先將該稿第五編抽出單行，顏曰中國民食史，俾供讀者快覽焉。

予草該稿約三閱寒暑，就中致力於斯者已費三分之二。顧吾國歷史上所供給關於此類之資料甚尠，且爲衣食頻年奔走，旋作旋輟，直至二十一年春家居時始完成之。

民國二十二年二月十四日郎擎霄序於南京立法院編譯處

(附記)全稿草成，承林式增先生指正多處。復蒙孫科，邵元冲，王世杰，甘乃光，許崇清，金曾澄，梁寒操，廖百芳，張維翰，歐華清，周文炳，楊壽昌諸先生親爲題署或序文，謹誌於此，以表謝忱，惟該序文等除梁先生外俱爲全稿而作，故不能錄登是書，只好俟將來拙著中國民食政策付梓時，再行刊入。又全稿資料之搜集及謄錄，亦頗多得內子孔壁儒女士之助。

目錄

中國民食史

緒論

考之洪範八政：一曰食。周禮地官：廩人凡萬民之食，食者人四鬴上也；人三鬴中也；人二鬴下也。管子曰：「倉廩實而知禮節，衣食足而知榮辱。」孔子曰：「足食足兵，民之信矣！」孟子曰：「制民之產，必使仰足以事父母，俯足以畜妻子，樂歲終身飽，凶年免於死亡；然後驅而之善，故民從之也輕。」唐太宗云：「使民衣食有餘，則自不爲盜，安用重法耶？」最近孫中山先生民生主義，最重者亦吃飯問題。蓋國以民爲本，民以食爲天，亦可見民食之關係大矣。

迴觀往古，農政有官，農務有學。南畝西疇，稼穡井然；耕一餘三，家慶歲熟；物阜民康，昇平朝野。史載比比。遞降近世，歐風東漸，舍農趨工，田野荒蕪。凶歉頻聞，饑饉薦臻；野有餓莩，溝轉老羸。救濟之道，首在使民足食。顧民食雖不一，要以糧食為大宗；糧食何自來？必以農業為根本。是則重農政策，為古今中外所同然。

我國歷代民食政策，大別之可分為四：生產政策，流通政策，調劑政策，及消費政策是也。生產政策：或為獨立的盡力於國內之生產以圖自給，苟競爭國有廉儉之農產品時，得拒絕或限制之。或為維持的，盡力於病蟲害之防禦，以圖保障生產量之不損失。或為增產的，盡力於土地政策之改革，農業方法之改善，以圖生產量之增加。此其要旨也。流通政策：乃值歉收之歲，或移民就粟，或移粟就民，以及禁止糧食輸出等，以資補救，此其要旨也。調劑政策：或積穀平糶，以防凶荒；或改變食物種類，以補糧食之不足；或預防價格之暴漲，以保障人民生活之安全；此其要旨也。消費政策：乃值戰爭之際，或歉收之年，舉行食糧配給制，以及釀酒之限制及禁止等，以防人民有缺食之虞，此其要旨也。舉此四者，則我國往昔解決民食問題之策可謂備矣。

第一章　穀物溯源

吾國古時罔替以農爲政本，蒸乃粒食，萬邦作乂，斯其爲効也弘。白虎通曰：「古之人民皆食禽獸肉，至於神農，用天之時，分地之利，制耒耜，教民農作。」是爲吾國農業之起源。自后稷教民稼穡，其孫叔均改耦耕而發明犂耕之法，農業乃臻於極盛。史記曰：「益主虞，山澤辟；棄主稷，百穀時茂。」故吾國之有稼穡穀食，始於后稷可斷言也。

禾穀之字義　禾古文作𥝌，從木從𠂹（垂）省，𠂹象形，古文作𠂹，象草木葉華之形，禾穗亦下垂，故從𠂹，象其采也。說文訓禾，嘉穀也。從二月始生，八月而熟，得時之中和，故謂之禾也。禾，木王而生，金王而死。淮南子曰：「金勝木，故禾春生秋死。」高誘云：「禾，木也。」張衡思玄賦曰：「發昔夢於木禾，既垂穎而顧本。」古人既有木禾之語，從木從垂之來源明矣。近代以禾爲稻之專稱，而按許氏說註二月始生，八月而熟，其非指稻而言明甚。疑是今之粱，則時令方相符合。辭源禾字條云：「秦漢以前之禾字皆指粱而言，卽今之小米也。後世始以稻爲禾。」其言信而有徵。惟詩經豳風「十月納禾稼黍稷重穋禾麻菽麥。」疏云：「苗生旣秀謂之禾，禾是大名，非徒黍稷，其餘稻秫苽粱皆名禾。惟麻與菽麥無禾稱，故再言禾以總之。」是禾之所指又不止一種矣。

穀　說文訓，續也。百穀之總名。從禾㱿聲。書曰：「百穀田成。」徐鍇曰：「芒實之總名也。」惟古代所稱之穀類種數，衆說紛紜，莫衷一是，然大別之有六：

有曰五種者，黍、稷、菽、麥、稻也。

周禮曰：其穀宜五種。鄭玄曰，五種，黍稷菽麥稻也。

有曰五穀者，黍、稷、麻、麥、豆也。

周禮天官疾醫「五穀養其病，」註，爲五行之五穀，以之治病。

有曰六穀者，黍、稷、粱、麥、稌、苽也。

周禮天官膳夫「凡王之饋，食用六穀。」註，又禮記「飯黍，稷，稻，粱，白黍，黃粱，」註云諸侯朔食四簋，若天子則加麥苽爲六。又詩經「於我乎每食四簋，今也每食不飽。」疏云，四簋

謂黍稷稻粱，公食大夫用六簋，此平常之食，故四簋云云。此雖天子諸侯大夫之豪食，所述
不同，而六穀之名則同。

有曰八穀者，黍、稷、粱、麥、稻、禾、麻、菽也。

見徐氏說文繫傳，引本草語。

有曰九穀者，黍、稷、大麥、小麥、稻、秫、麻、大豆、小豆也。

周禮天官太宰「三農生九穀。」註，但一說九穀無秫、大麥而有粱苽。

此爲吾國穀類之大概也。

米　說文訓，穬實也，象禾黍之形。徐鍇曰：八，八，米之形也。按穬，說文訓，芒粟也。周禮地官「舍人掌粟之所出入」註云，九穀六米。疏云，九穀六米者，九穀中之黍、稷、稻、粱、苽、大豆者皆有米。麻與小豆、小麥三者無米。又五經囊括云：「米未去皮曰粟，粟已去皮曰米。粟未備舂揄之用，米已供糗糒之資。米大曰粗，小粹曰精，粟之精者爲粲，米之精者爲粺。米屑爲糝，烹曰粥，米細爲粉，米爛爲糜」。降至近時，米乃爲稻穀去殼之稱（亦曰大米）。粱則稱之爲粟，亦曰小米。（按近世以粟爲

粱之變種，各有其物，詳見植物學大辭典及植物名實圖考。）

黍稷之爲物，後世幾莫能辨之。說亦人人人殊：有謂黍稷爲同類之二種也，亦謂即高粱。更有謂黍以大暑而種，故謂之黍。又稱稷爲五穀之長。但按爾雅云：

黍，秬黑黍，秠，一稃二米。

稷，粢黍也。

說文亦云：

黍，禾屬而黏也。以大暑而種，故謂之黍。

稷，齋也。黏者謂之秫。

此外註解黍稷之說甚繁。郭璞曰：「秠，亦黑黍也。」說文曰：「黍可爲酒，從禾入水爲意。」氾勝之書曰：「黍，暑也，當黍而生，暑後乃成也。」雜陰陽書曰：「黍生於榆，六十日秀，後六十日成。」此釋黍也。禮記「祭宗廟稷曰明粢，南人承北音，呼稷爲穄，謂其米可供祭也。」郭璞曰：「今江東呼稷爲粢，」雜陰陽書曰：「稷生於棗或楊，九十日秀，秀後六十日成。」此釋稷也。惟二者爲吾國特產，呂氏春秋曰，飯之美者，有陽山之穄，足資證明。現印度、波斯、歐洲中南兩部，澳洲北部及美洲各地，皆有栽種云。

黍禾本科植物，形似粟，惟穗不同，莖長四五尺，中空，葉長闊，粒大於粟，我國中古時五穀之中，以此爲長，然今日則不惟遠不能與稻麥相抗，卽與粟較，亦不爲當粟百分之八九，種法、疾病、功用、肥料、蟲害等，俱與粟大同小異，惟收穫之期，宜待老熟，種類則有早中晚之分，顏色有赤黑白之別云。

時至今日，言黍子尙有能明之者，言稷則知者甚少。又嘗索諸植物學大辭典及植物名實圖考諸書，爲說紛紜，莫之敢決。近據某君研究結果，爰引之於下，藉見一斑。稷，河北尙有種植。河南一帶祇有黍。東三省天氣寒冷，黍稷均不宜，幷言其形態如下：

	黍	稷
種別	大小兩種，大者色白，小者色暗。	大小兩種，大者色暗，小者色白。
稈本	稈如小毛筆桿粗細，高不到三尺，有微細白毛。	同黍

葉狀	葉爲平行脈，較粱爲寬，有微細白毛•	同黍
播種	白芒種至暑伏前	同黍
穗	苗出後一月卽結穗順合下垂如弓弧形	結穗之時期同，惟穗散張如葵花之傾向•
子實	無論大小兩種，去皮均爲黃色，粒較小米爲大，形狀甚圓，色澤光滑•	大者去皮爲深黃色，小者爲白色，形狀略扁，色澤光滑•
成熟時期	大黍約八十日，小黍約六十日•	同黍
味質	性黏帶甜味	性微甜而不黏
食用	角黍年糕釀酒製糖	釀醬或涼粉之用

此其大較也。黍稷苗卽老於農事者亦不易區別，及長乃能別之。北方所以倘種黍稷者爲其時間短，一年可以三季種植，卽麥將刈下種（或刈麥後）及黍稷苗二寸許留苗三寸許苗成堆（每堆四五株）黍稷，則種大白菜。同一地也，每年可種菜、麥、黍或稷三種，農人以其不耗地力，故種之。

粱，穀類植物，卽粟也。其始生曰苗，有稾曰禾，其實曰粟，其米曰粱，似爲后稷所播種。自古迄今，北方人呼其實爲穀，禮記月令云：「孟秋之月，農乃登穀，」正粱實（小米）登場之時也。說文禾字訓註云：「二月始生，八月而熟，」亦正粱之播種收穫期也。又說文訓「禾」爲「嘉穀，」而訓粟爲「嘉穀實，」則禾穀爲粱之通稱，而粟爲粱實無疑。周禮九穀六穀，皆有粱無粟，知古本同物而異名。漢以後，始以穗大而芒長粒粗者爲粱，穗小而芒短粒細者爲粟也。惟古時用粟字之處甚多。周禮地官云：「舍人掌米粟之所出入，辨其物。」又「倉人掌粟入之藏，辨九穀之物，以待邦用。」此見於經傳者不勝枚舉。正字通云：「古者以粟爲黍稷粱秫之總稱，而今之粟，在古但稱爲粱。」說文粟字作𠧪，從卤從米，卤草木實垂卤卤然，讀若調。徐鍇曰：卤與茗同謂草木之秀實也。因實形也，卜上華芒也。大抵古代粟爲有皮之米之通稱，惟用於粱爲多，亦猶今南方以穀爲稻之通稱之類也。至古代多數之食用，仍以黍稷爲宗，粱則視爲精品，左傳云：「粱則無矣，麤則有之，」註云：「食以稻粱爲貴，故以粱者精，」所謂麤則有之，大約爲黍稷之屬，亦猶今之有粗糧細糧之分也。

除米麥外，粟糧爲北省重要糧食之一，以之炊飯、造粥、製飴、釀酒，均無不可。然粱與粟同爲一屬之植物，形亦相似。李時珍謂大種爲粱，小種爲粟，蓋卽指此。實則粟爲粱之變種，糧卽學名 Setaria its italica var, germanica 也粟卽籼粟，另有一種糯粟名秫，其穗短小，或直立或下垂，小穗有毛或無毛，狀極密緻；粱之穗長大而下垂，小穗稀疏，今人亦有混稱爲粟者。

抑尤有進者，人言粟爲狗尾草所變生，以其退化時性狀相肖也。吾國久列爲穀類之一，後傳於印度、歐洲、澳洲及北美諸地；北至歐洲亞洲之北緯五十度，北美之四十五度，南至澳洲之南緯四十度，皆可栽種。現除吾國外，埃及、東印度、小亞細亞、朝鮮等地，均盛栽之。

稻字其一旁爲禾，表示其爲禾本植物；另一旁爲舀（讀以詔反），說文訓，抒臼。徐鍇曰：爪向下取之也。易言之，稻之一字，卽以爪向臼中取禾也。亦稱稌，讀他魯反，又作秏，讀吼號反。

稻爲最重要之農田植物，東南各省多植之於水田，春下種，夏分秧，其種甚多，約分粳稻、糯稻兩類。以成熟之先後，又分早稻、晚稻兩類；早稻立秋時熟，晚稻立冬時熟。閩粵等省熱地，有一年兩熟者。

吾國之有稻，遠在西曆紀元前二千二百四十餘年間，禹受舜命出外平水之時也。而其發現，當爲益。蓋益主虞職，司上下草木鳥獸之事。上下者，卽指地面原隰而言。易言之，卽山林川澤之開治，皆益之職也。稻性喜濕，生於川澤中，其時洪水甫退，土壤濕潤，北方高原種植之穀物，不適於卑隰之處，故禹「令益予衆庶稻，可種卑濕（見史記夏本紀）。」若稻爲后稷所播種，決不令益予衆庶也。

吾國究有從外國輸入之稻種否？有之，疑即今之洋秈。其米粒頗與安南西貢米近。蓋宋眞宗時，嘗以米荒，向福州取占城稻種，散諸民間，此爲外稻輸入之始。

菽麻在后稷之前已有之，詩經大雅生民章述后稷童時種之狀況云：「誕實匍匐，克岐克嶷，以就口食。蓺之荏菽，荏菽旆旆，禾役穟穟，麻麥幪幪，瓜瓞唪唪。」惟菽爲豆之總名，可供人畜食料，含蛋白質極多；亞細亞東印度視爲重要之糧食，次於穀實類。

又豆之種類甚多，有大豆、小豆、豇豆、豌豆、蠶豆、刀豆、菜豆、穭豆、藊豆等。大豆爲中國物產，產額除消本國外，每年出口甚巨，民國三年輸出額值洋三千萬有奇，絲茶外當以此爲大宗。小豆原產於亞洲，今印度最多，吾國及日本次之，歐美甚少。豇豆原產非洲中部，最近吾國南省多種之。豌豆一名嗬囒豆，原產於地中海沿岸，非洲北部，以及亞洲西部，古代埃及及希臘羅馬栽培極盛。吾國種植，由來已遠，爾雅稱戎菽，唐史稱畢豆，遼志稱回鶻豆，卽此物也。其後東傳至高麗日本，西徧美洲加拿大矣。蠶豆在石器時代已有發現，其發現之地點，不止一處，故其原產地莫能證實。說者謂以裏海南部爲原生地點，由是而傳至埃及希臘，以迄歐洲，其傳入亞洲者以吾國爲最早。太平御覽云，張騫使外國得胡豆，卽是斯物。其後由吾國傳入日本高麗，而蠶豆之種植徧乎亞洲矣。菜豆一名芸豆，一說爲南美洲祕露原產，一說爲東印度原產，而以前一說爲近，溯西曆紀元初期，傳入吾國，復由吾國傳至日本，日人名之曰隱元豆，以隱元禪師初由我國輸進此豆於日本也。近日歐美諸邦，栽培此豆甚盛，名種亦多。

至於麻則有大麻、苧麻、苘麻、黄麻等之別，據外國紀載，大麻原產英屬印度及波斯，然稽諸禹貢有曰，岱畎絲枲，則大麻在四千年前已屬貢品。又周禮天官有曰，朝事之籩，其實麷蕡，是麻子早爲燕享之用，其是否原產吾國，尚未可知也。大麻纖維可製衣服蚊帳帆布麻袋及繩索諸物，其種子含蛋白質養分豐富，足爲飼禽之用。苧麻原產吾國，詩曰，雖有絲麻，無棄菅蒯，陳風曰，東門之池，可以漚紵，此其明證。其用途之大，首推夏布，次則和絲紡織，及製造上等紙幣，皆所必需，若和米煮集，可以充飢，可以飼豬。商麻，爾雅翼云，檾或作䔛，則此物當為吾國原產，其纖維粗劣，祇合製繩製毯及作汲綆牛衣雨衣草履之用。黃麻之名，由來已久，據近世史所稱，謂其原出南安，惟考宋史地理志稱鄭州黃絹黃麻，則其為河南出產品，信而有徵矣。其纖維粗剛，西人截為造紙原料，其餘部分較纖軟而有光澤，堪為紡織之用。此麻之來源及其功用也。

麥種於吾國，始自神農時代，鄘風采麥，周頌來牟，見諸詩歌，信而有徵矣。按古代之麥稱來牟，（亦作麰）來為小麥，牟為大麥，詩經周頌云：「思文后稷，克配彼天，立我蒸民，莫匪爾極，貽我來牟，帝命率育，無此疆爾界，陳常于時夏。」故說文訓來云：周所受瑞麥，象芒朿之形，天所來也，故為行來之來。是來之本義為麥。如今只作行來之來用。故麥字從來從夂，夂者，若穗自後躧之也。其訓註云，芒穀，秋種厚薶，故謂之麥。麥，金也，金王而生，火王而死，從來，有穗者從夂。古代之於麥，極為注重，董仲舒曰：「春秋他穀不書，至於禾麥不成則書之。以此見聖人於五穀最重麥與禾也。」故莊公二十八年大無麥禾，臧孫辰告糴於齊，春秋許為有禮。此外天子親耕博士巡行，於麥亦極為重視焉。

第二章　歷代糧食生產政策

第一節　土地政策（上）

第一項　井田制度

中國古代井田之制，卽現世社會主義家所謂之土地公有法。宋代人有欲買地一方，試行井田，以期復古，世多笑其迂闊者。豈知最近之社會主義者，窮思極慮，發表土地公有之主張，乃適與吾國三千年前井田之制若合符節歟？雖時代相距甚遠，內容多有不同，應隨時代思潮而改變，不過土地公有之主張，在西方爲創始，而在中國已爲復古者也。吾國自古以來，以農立國，如採用社會主義大農的制度，以最新的科學方法，使農具籽種，與夫耕植肥壅之法，一一改良，農產之富，可以供給世界，可預測也。

關於井田制度，最重要之論據爲孟子、王制、周官、公羊、穀梁、韓詩外傳、漢書食貨志諸書，而尤以孟子所言爲最詳，今分述如下：

一　井田制之起源

吾國井田之古制，將全國之田統畫爲井字形。據傳記所云，乃始於黃帝。（通典：黃帝時八家爲井，井開四道而分八宅，鑿井於中。）井田之制成，未遑改變。故經唐、虞、三代，僅加修正。及至戰國，爲李悝商鞅輩所破壞無遺矣。梁任公對於井田制之起源，論之甚精，兹略引之。吾儕所最欲知者，古代田制（或關於應用土地之習慣）變遷之跡何如。凡社會在獵牧時代，其土地必爲全部落人所公有，如現在蒙古青海皆以「某盟某旗牧地」爲區域名稱，卽其遺影也。蓋獵牧非廣場不可，故地只能公用而無所謂私有。及初進爲農耕時，則亦因其舊制，以可耕之地爲全族共同產業。周頌云：

貽我來牟，帝命率育，無此疆爾界。（詩思文）

此詩歌頌后稷功德，言上帝所賜之麥種，普遍播殖，無彼我疆界之分。最古之土地制度蓋如是。其後部落漸進爲國家，則將此觀念擴大，認土地爲國有。故曰：

普天之下，莫非王土。（詩北山）

此種國有土地，人民以何種形式使用之耶？據孟子云：

夏后氏五十而貢，殷人七十而助，周人百畝而徹。（滕文公上）

孟子所說，是否爲歷史上之事實，雖未敢盡信，但吾儕所能以情理揣度者：一、農耕既興以後，農民對於土地所下之勞力，恆希望其繼續報酬。故不能如獵牧時代土地之純屬公用，必須劃出某處面積屬於某人或某家之使用權。二、當時地廣人稀，有能耕之人，則必有可耕之田。故每人或每家有專用之田五七十畝乃至百畝，其事爲可能。三、古代部落，各因其俗宜以自然發展，制度斷不能劃一。夏、殷、周三朝各千年世長其土，自應有其各異之田制。以此三事，故吾認孟子之說爲比較的可信。卽根據之以研究此三種田制之內容何如：

（甲）貢　貢者，人民使用此土地，而將土地所產之利益，輸納其一部分於公家也。據孟子所說，則其特色在「校數歲之中以爲常」而立一定之額焉。據禹貢所記，則其所納農產品之種類，亦因地而殊。所謂「百里賦納總，二百里納銍，三百里納秸服，四百里粟，五百里米，」是也。禹貢又將「田」與「賦」各分為九等，而規定其稅率高下。孟子所謂「貢制」殆兼指此。但此種課稅法，似須土地所有權確立以後始能發生。是否為夏禹時代所曾行，不吾敢言。所敢言者，孟子以前，必已有某時代某國家曾用此制耳。

朱晦庵云：「一夫受田五十畝，而每夫計其五畝之入以為貢。」

黃葵峯云：「五十者，每夫各授田五十畝也。令民即於所授田五十畝中，每年以五畝之稅貢上也。」近人陳顧遠亦曰：「一夫每年所貢，是計五畝之入，不是僅以五畝之稅貢上，因在當時祇有賦，沒有稅，其說是靠不住的。那麼夏時每人授田五十畝，由五十畝中取十分之一所入（計五畝之入）以貢上，田制以一夫所授的田作單位，沒有公田可言。所以夏時，就不是井田制度。

（乙）助　孟子釋助字之義云：「助者，藉也。」其述助制云：「方里而井，井九百畝，其中為公田。八家皆私百畝，同養公田。」此或是孟子理想之制度，古代未必能如此整齊劃一。且其制度是否確為殷代所曾行，是否確為殷代所專有，皆不可知。要之古代各種複雜紛歧之土地習慣中，必曾有一種焉。在各區耕地面積內，劃中一部分爲「公田，」而藉人民之力以耕之，此種組織，名之爲助，有公田則助之特色也。公田對私田而言，夏小正云：「初服於公田。」詩云：「雨我公田，遂及我私。」（大田）據此，則公田之制，爲商周間人所習見而共曉矣。土地一部分充公家使用，一部分充私家使用，私人卽以助耕公田之勞力代租稅，則助之義也。

朱晦庵云：「商人始爲井田之制，以六百三十畝之地，劃爲九區，區七十畝，中爲公田，其外八家各授一區，但借其力以助耕公田，而不復稅其私田。」黃葵峯云：「七十者，每夫各授私田七十畝，又共受公田七十畝也。助者，八夫各出通力以助耕公田，每年惟據公田七十畝所登之穀，而收之於官也。」可知一夫授田七十畝，一夫耕田則七十八畝又七五，計算之，恰從九分中取其一，歸於國家，因在私田之外助耕而得，故名曰助法。後儒誤於孟子「其實皆什一也」之言，將九一說是指田之區數，理固可通，然如何以解說田之畝數？朱熹亦未詳言。

(丙)徹　詩「徹田爲糧」（公劉）所詠爲公劉時事，似周人當夏商時已有行徹制者。徹法如何？孟子無說，但彼又言「文王治岐，耕者九一。」意謂耕者之所入九分而取其一，殆卽所謂徹也。孟子此言，并非杜撰。蓋徵諸論語所記：『哀公問有若曰「年饑用不足，如之何？」有若對曰：「盍徹乎？」公曰：「二吾猶不足，如之何其徹也？」……』可見徹確為九分或十分取其一。魯哀公時已倍取之，故曰「二吾猶不足。」二對一言也。觀哀公有若問答之直捷，可知徹制之內容在春秋時尚人人能了解。今則書闕有間，其與貢助不同之點安在？竟無從知之。國語記：『季康子欲以田賦，使冉有訪諸仲尼。仲尼不對。私於冉有曰：「……先王制土，藉田以力，而砥其遠近。……若子季孫欲其法也，則有周公之藉矣。」……』藉田以力則似助，砥其遠近則似貢。此所說若即徹法，則似貢助混合之制也。此法周人在邠岐時，蓋習行之，其克商有天下之後，是否繼續，吾未敢言。

朱晦庵云：「周時一夫受田百畝。鄉遂用貢法，十夫有溝。都用助法，八家同井。耕則通力而作，收則計畝而分，故謂之徹。」黃葵峯云：「百畝者，八夫各授私田百畝，又共授公田百畝也。徹者，八家通出其力，以合作公田，惟據益田百畝所登之穀，而收之於官也。」

據此種極貧乏且蒙混之史料以從事推論，大抵三代之時，原則上土地所有權屬於國家，而使用權則耕者享之。國家對於耕者，徵輸其地力所產什之一或九之一。此所徵者，純屬公法上之義務而非私法上之酬償。除國家外，無論何人，只能使用，不能「所有」也。然而使用權享之既久，則其性質亦漸與所有權逼近矣。故謂古代凡能耕之民，即能「所有」其土地使用權，亦無不可。換言之，則謂土地私有制在事實上已成立，亦無不可。惟使用權是否可以買賣，史籍中無明文可考，在此事未得確證以前，未可遽認私有制爲完全存在也。

二　井田制施行之目的

至周幽王時，助法仍未廢除，故詩有「大田」諷刺，孟子有「雖周亦助」之語。嗣後因生齒漸繁，田或不足分配，遂徹井制，通爲散田。如是諸侯嫌原有九百畝中有一百畝之收入，如今知少十畝，便不以爲然，而百姓或私其豐饒，上有瘠薄，更惹起諸侯之惡感，故魯宣公便躬行田畝，取其十畝之最豐饒以爲例。從茲徹法大壞，強梁兼併，變爲戰國時之貢法。龍子曰：「貢者校數歲之中以爲常。樂歲粒米狼戾，多取之而不爲虐，則寡取之；凶年糞其田而不足，則必取盈焉。爲民父母，使民盻盻然，將終歲勤動，不得以養其父母，又稱貸而益之，使老稚轉乎溝壑，惡在其爲民父母也。」絕非夏代之貢法。田制既壞，到如此田地，人民困苦顛連，生活上先受極大之障礙，焉能講求倫理乎？故孟子以爲各教民以學，先必使人民得相當之生活方好，不然，「此惟救死而恐不贍，奚暇治禮義哉？」

三　井田制施行前之預備

在施行井田制以前，最要之手續預備，卽先將土地測量，劃定界限，分配方免於混亂慢界之弊病。孟子曰：

夫仁政必自經界始，經界不正，井地不均，穀祿不平。是故暴君汙吏，必慢其經界。經界旣正，分田制祿，可坐而定也。（孟子滕文公上）

可知當時治地分田之法，早已不修。强梁得以兼倂，致賦無定則，貪暴任意多取。是以孟子方欲改變田制。朱晦庵云：「井地，卽井田也。經界謂治地分田經畫其溝涂封植之界也。此法不修，則田無定分，而豪强得以兼幷；故井地有不均；賦無定法，而貪暴得以多取，故穀祿有不平；此欲行仁政者之所以必從此始，而暴君汙吏則必欲慢而廢之也。有以正之，則分田制祿，可不勞而定矣。」任啓運亦云：「孟子大意只要正經界，以除兼倂之弊，行助法以去歲取盈之弊，二語盡之，」誠非虛語也。

四　井田制之分配

井田制如何分配？孟子言之綦詳。如曰：

夫滕壤地褊小，將爲君子焉，將爲野人焉，無君子莫治野人，無野人莫養君子。請野，九一而助，國中什一使自賦。卿以下必有圭田，圭田五十畝，餘夫二十五畝。死徙無出鄉，鄉田同井，出入相友，守望相助，疾病相扶持，則百姓親睦。方里而井，井九百畝，其中爲公田，八家皆私百畝，同養公田。公事畢，然後敢治私事，所以別野人也。（滕文公上）

又周官大司徒曰：

方一里者爲田九百畝，方十里者爲方一里者百，爲田九萬畝，方百里者爲方十里者百，爲田九十億（十萬爲億）畝，方千里者爲方百里者百，爲田九萬億畝。

凡造都鄙，制其地域而封溝之，以其室數制之，不易之地家百畝，一易之地家二百畝，再易之地家三百畝。

又周官小司徒曰：

乃經土地而井牧其田野，九夫爲井，四井爲邑，四邑爲丘，四丘爲甸，四甸爲縣，四縣爲都，以任地事而令貢賦凡稅斂之事。

韓詩外傳亦云：

中田有廬，疆場有瓜。古者八家而井田，方里爲一井。……其田九百畝。……公家爲鄰，家得百畝，餘夫各得二十五畝，家爲公田十畝，餘二十畝爲廬舍，各得二畝半。

觀此亦可知古田分配之大概矣。至所謂「方里而井，井九百畝者，卽一方里田，中分九分，成一井字形，每分中有一百畝。此百畝與彼百畝間，有水道，分之名爲遂，遂旁之路爲徑。此井與彼井，間有水道，分之名爲溝，溝旁之路爲畛。

周官匠人云：

「匠人爲溝洫，耜廣五寸，二耜爲耦，一耦之伐，廣尺深尺，謂之甽。（此畝間最小之水道。）田首倍之，廣二尺，深二尺，謂之遂。（此百畝間水道）九夫爲井，井間廣四尺，深四尺，謂之溝。方十里爲成，成間廣八尺深八尺，謂之洫。方百里爲同，同間廣二尋深二仞，謂之澮，專達於川。」

依上文所記，一同之田，共有九萬畝，此九萬畝，均以井爲起點，合成一百井，直似棋局，由最小之畛，至最大之澮，水道分明，此水道旁有路（見下遂人）如棋局之黑格，此種田制，實覺奇異無比。但近代新大陸之美國，其劃分州縣鄉村，亦作整齊之方格，正與吾國古代相同。

或者謂地面上不少山陵川谷，焉能一概劃井乎？其實劃井在平原曠野中，遇山陵川谷，自須變通。故周官有匠人之制，爲劃井者。又有遂人之制，爲不劃井者。周官遂人云：

「凡治四野，夫間有遂，遂上有徑，十夫有溝，溝上有畛。百夫有洫，洫上有涂。千夫有澮，澮上有道。萬夫有川，川上有路，以達於畿。」

匠人謂水道，遂人謂陸路。匠人以一井九夫起數，遂人以十夫起數。倘全國皆井田，則一井另一夫，焉可起數耶？故匠人劃井，而遂人不劃井者以此也。然爲何不劃井耶？蓋遇有山陵川谷，以及畸零不整之地畝，只能如斯。但此畸零不整之地，亦可作爲別用耳。

以上古代田制劃井之法，與孟子理想井田制雖略有未合之處，然亦能互相發明焉。

第二項　秦之廢井田及開阡陌

井田之廢，始自商鞅，但廢於何年亦有異說。有謂周顯王十九年（卽秦孝公十三年）秦始廢井田開阡陌，然史記秦本紀孝公十二年爲田開阡陌，觀此則井田之廢當在秦孝公十二年或十三年之間。至商君之廢井田開阡陌之故，杜氏通典田制論之綦詳：

> 秦孝公用商鞅，鞅以三晉地狹人貧，秦地廣人寡，故草不盡墾，地利不盡出，於是誘三晉之人，利其田宅，復三代無知兵事，而務本於內，而使秦人應敵於外。故廢井田，制阡陌，任其所耕，不限多少。數年之間，國富兵強，天下無敵。

此將商君廢井田制阡陌之目的闡發無遺矣。夫井田之爲物，前已略言之，然阡陌之意義效用爲如何乎？關於此點，朱子嘗道及之：

> 按阡陌者，舊說以爲田間之道，蓋因田之疆畔，制其廣狹，辨其橫縱，以通人物之往來，卽周禮所謂遂上之徑，溝上之畛，洫上之涂，澮上之道也。然風俗通云：南北曰阡，東西曰陌；又云：

河南以東西爲阡，南北爲陌。二說不同，今以遂人田畝夫家之數考之，則當以後說爲正。蓋陌之爲言百也。遂洫縱，而徑涂亦縱；則遂間百畝，洫間百夫，而徑涂爲陌矣。阡之爲言千也。溝澮橫，而畛道亦橫；則溝間千畝，澮間千夫，而畛道爲阡矣。阡陌之名，蓋由此而得。至於萬夫有川，而川上之路周於其外，與夫匠人井田之制，遂、溝、洫、澮亦皆四周，則阡陌之名，疑亦因其橫縱而得之也。然遂廣二尺，溝四尺，洫八尺，澮二尋，則丈有六尺矣。徑容牛馬，畛容大車，涂容乘車一軌，道二軌，路三軌，則幾二丈矣。此其水陸占田，不得爲田者頗多。先王非不惜而棄之所以正經界，止侵爭，時蓄洩，備水旱，爲永久之計，有不得不然者，其意深矣。商君以其急刻之心，行苟且之政，但見田爲阡陌所束，而耕者限於百畝，則病其人力之不盡；但見阡陌之佔田太廣，而不得爲田者多，則病其地利之有遺。又當世衰法壞之時，則歸授之際，不免煩擾欺隱之姦。而阡陌之地，切近民田，又必有陰據以自私，而稅不入於公上者。是以一旦奮然不顧，盡開阡陌，悉除禁限，而聽民兼幷買賣，以盡人力；開闢棄地，悉爲田疇，而不使有尺寸之遺，以盡地利。使民有田，卽爲永業，而不復歸授，以絕煩擾欺隱之姦，使地皆

爲田而田皆出稅，以覈陰據自私之幸（阡陌辯）

由此可知阡陌之爲物，在昔幷非田，其用處不外正經界，止侵爭，時畜洩，備水旱……而已。商鞅以之闢而爲田，其要旨誠如朱子所言一曰盡人才，二曰盡地力，三曰免歸授之煩擾，四曰防陰據以自私也。

商君廢井田，開阡陌，而田歸私有，許民自爲買賣，故多者以千畝爲畔，少者無立錐之地。貧民或耕豪民之田，見稅十五，所謂稅者，亦田租之謂也。

第三項　漢之限田制

漢高祖定天下，田制一仍秦舊，田租什五而稅一。且土地亦得鬻賣，兼併之弊因之發生，通考田賦考引吳氏之言曰：

井田受之於公，毋得鬻賣，故王制曰：田里不鬻。秦開阡陌，遂得買賣。又或得甲首者益田宅。五甲首而隸役五家，兼併之禍自此起；民田多者以千畝爲畔，無復限制矣。

祇有兼幷土地而不發生其他慘狀，尙無關緊要；然兼幷之風一長，則慘酷現象卽發生於農民間矣。史記貨殖列傳云：

陸地牧馬二百蹄，牛蹄角千，千足羊，千足彘，水居千戶魚陂，山居千章之材，安邑千樹棗，燕秦千樹栗，蜀漢江陵千樹橘，淮北常山已南河濟之間千樹萩，陳夏千畝漆，齊魯千畝桑麻，渭川千畝竹，乃名國萬家之城帶郭千畝，畝鍾之田若千畝卮茜，千畝薑韭，此其人皆與千戶侯等。

當時既有如許與千戶侯相等之大地主，則其他無地可耕之失業者作姦犯科者當亦不鮮，貨殖傳載之甚詳，茲不具引。惟近人章太炎檢論通法篇引崔寔政論之言曰：

漢承秦弊，尊獎兼并，上家纍鉅萬，厥地侔封君，行苞苴以亂執政，養劍客以威黔首。專殺不辜，號無市死之子，生死之奉，多擬人主，故下戶踦𨇤，無所跱足。乃父子低首，奴事富人，躬率妻孥，爲之服役。故富者餘席而日熾，貧者躡短而歲踧，歷代爲奴，猶不贍於衣食，歲小不登，流離溝壑，嫁妻賣子，傷心腐臧，不可勝陳！

此爲土地兼併之風盛行時，農民間發生慘酷現象也。及至孝武帝時有董仲舒之限田建議，以示對大地主之限制，其言曰：

古者民不過什一，其求易供使民不過三日，其力易足。民財，內足以養老盡孝，外足以事其稅，下足以畜妻子極愛，故民說從上。至秦則不然，用商鞅之法，改帝王之制，除井田，民得買賣。富者田連阡陌，貧者亡立錐之地。又顓川澤之利，管山林之饒，荒淫越制，踰侈以相高。邑有人君之尊，里有公侯之富，小民安得不困？又加月爲更卒，已復一正，一歲屯戍，一歲力役，三十倍於左，田租口賦，鹽鐵之利，二十倍於左，或耕豪民之田，見稅什五，故貧民常衣牛馬之衣，而食犬彘之食。重以貪暴之吏，刑戮妄加，民愁亡聊，逃亡山林，轉爲盜賊，赭衣半道，斷獄歲以千萬數。漢興，循而未改，古井田法雖難足行，宜少近古，近民名田，以贍不足，塞兼併之路。

名田之意爲何？顏師古注曰：「名田，占田也。各爲立限，不使富者過制，則貧弱之家可足矣。」（漢書食貨志）就董論觀之，大地主埒於君侯，農民田地被剝奪則降爲奴，若地主不歡時，對奴可生殺予奪，莫敢誰何！此與古代希臘羅馬控制奴隸之社會幾無二致焉。故董子雖有限田之議，尙無具體辦法。武帝末年又有代田之制，代者易也；以一畝之地，分而爲三，歲易其處，種之用力少而得穀多。此爲吾國最早之土地經濟政策。漢書食貨志：「武帝末年，以趙過爲搜粟都尉。過爲代田，一晦三甽，歲代處，故曰代田，古法也。后稷始甽田，以二耜爲耦，廣尺深尺曰甽，長終晦，一晦三甽，一夫三百甽，而播耕於甽中，率十二夫爲田一井，一屋，故晦五頃，用耦犂二牛三人，一歲之收，常過縵田晦一斛以上，善者倍之。過使教田太常三輔，率多人者田日三十晦，少者十三晦，以故田多墾闢。過試以離宮卒田其宮壖地，課得穀皆多其旁地晦一斛以上，令命家田三輔公田，又教邊郡及居延城，是後邊城河東弘農三輔太常民皆便代田。」哀帝時，師丹輔政，建議限田之制，裁抑兼幷，如曰：

> 古之聖王，莫不談井田，然後治乃可平。孝文皇帝由亡周亂秦兵革之後，天下空虛，故務勸農桑，師民以節儉，富吏民貲數鉅萬，而貧弱愈困。蓋君子爲政，貴因循而重改革，所以有改者，將以救急也。亦未可詳宜略爲限。

嗣天子下其議，丞相孔光，大司空何武更奏明辦法云：

諸侯王，列侯皆得名田，國中，列侯，在長安公主，名田；縣道，及關內侯，吏民，名田皆毋過三十頃。諸侯王，奴婢二百人；列侯，公主，百人；關內侯，吏民，三十人。期盡三年，犯者沒入官。時田宅奴婢，賈爲減賤。（漢書食貨志）

時丁傅用事，董賢隆貴，詔寢不行。

第四項　新莽之均田制

王莽代漢，（西曆紀元九年建國）銳志復古，爲王田之制，下令國中曰：

古者設廬井八家，一夫一婦田百畝，什一而稅，則國給民富而頌聲作。此唐虞之道，三代所遵行也。秦爲無道，厚賦稅以自供奉，罷民力以極欲，壞聖制，廢井田，是以兼并起，貪鄙生，強者規田以千數，弱者曾無立錐之居；又置奴婢之市，與牛馬同蘭，制於民臣，顓斷其命，姦虐之人，因緣爲利，至略賣人妻子，逆天心，誖人倫，繆於「天地之性人爲貴」之義。書曰予則奴戮女，唯不用命者，然後被此辠矣。漢氏減輕田稅，三十而稅一，常有更賦，罷癃咸出，（晉灼曰，雖老病者，皆復出口算。）而豪民侵陵，分田劫假；厥名三十稅一，實什稅五也。父子夫婦終年耕芸，所得不足以自存，故富者犬馬餘菽粟，驕而為邪，貧者不厭糟糠，窮而為姦，俱陷於辜，刑用不錯。予前在大麓，始令天下公田口井，時則有嘉禾之祥，遭反虜逆賊且止。今更名天下田曰王田，奴婢曰私屬，皆不得賣買。其男口不盈八而田過一井者，分餘田予九族鄰里鄉黨。故無田，今當受田者，如制度。敢有非井田聖制，無法惑衆者，投諸四裔，以禦魑魅，如皇始祖考虞帝故事。（此莽詔須看王莽傳）

莽傳云「坐賣買田宅奴婢鑄錢，自諸侯大夫至於庶民，抵罪者不可勝數。」（食貨志同）此即莽所主張之「土地國有」「均產」「廢奴」三大政策，當時施行頗感困難，及至西曆十二年（莽建國四年）中郎區博諫莽曰：

井田雖聖王法，其廢久矣。周道既衰，而民不從。秦知順民之心，可以獲大利也，故滅廬井而置阡陌，遂王諸夏。迄及海內，未厭其敝。今欲違民心，追復千載絕迹，雖堯舜復起，而無百年之漸，弗能行也。天下初定，萬民新附，誠未可施行。（傳）

莽以實行之法不備，吏緣為奸，天下謷謷陷刑者衆，故下詔曰：『諸名食「王田」皆得賣之，勿拘以法。犯私買賣庶人者且一切勿治。』（漢書）

新莽敗亡後，後漢因襲舊制，光武雖令郡國收見田租，三十稅一，而受惠者多為地主，於佃農何與！總之終兩漢時代，苛稅繁多，為人民所不能免者，如田稅以外而有口稅，謂之算賦，即人民由十五歲至五十六歲，每人年出錢百二十文，謂之一算。又有七歲至十四歲出者每人二十錢以食天子，謂之口賦。此同為一般人民所不能避免者。然尚有更賦，亦即古「力役之征」之意，富者問能出錢代勞，而佃農則須親事繇役。逮及桓靈，賦稅愈加重；迄至曹操時，則更肆行剝奪；凡田一畝出粟四升，凡家一戶，出絹二匹，綿二斤，於是重苦吾民矣。

第五項　晉之占田制

晉武平吳之後，世躋升平，乃師井田遺制，而行占田之法。依年齡為準，分人為正丁次丁，以定占田與納賦多寡。其先曹魏時，田租畝粟四升，戶絹二疋，綿二斤，至此則專征戶調而無田租焉。

（一）正丁　甲、年齡——男女年十六以上至六十者屬之。乙、畝數——男子一人占田七十畝，女子一人三十畝。丙、賦額—男爲戶者，歲輸絹三疋，緜三斤，女爲戶者半輸。

(二)次丁　甲、年齡—男女年十五以下至十三，與六十一以上至六十五者屬之。乙、畝數—男子一人，占田五十畝，女子半之。丙、賦額—男子歲輸正丁之半，女則不課。

(三)老小不事　甲、年齡—男女年十二以下，又六十六歲以上者屬之。乙、不授田，不納稅，純仰給於父母奉養於子孫。

至其諸邊郡之賦額，近者三分之二，遠者三分之一。夷人之輸入：近夷輸義米戶三斛，遠夷輸五斗，極遠夷輸算錢二十八文耳。

以上皆西晉制度也。至東晉成帝始度百姓田，取十分之一，率畝稅米三升，哀帝時又減田租，畝收二升耳，以後遂爲定制。此東晉與西晉不同之點也。蓋東晉渡江，百姓南遷，散居而無土著者，謂之僑人，無籍貫而不樂州縣編戶者，謂之浮浪人，生民播遷，浮動無定，安居樂業以勤於畎畝者，不可猝然多得。且江南之俗，土地卑濕，無有蓄積，田賦大不可恃，其軍國所需，隨土所出，臨時折課，乃無恒法，其徵之無籍貫者，任土所出，惟量所輸，無有定數，謂之樂輸，歷宋齊梁陳，皆因而不改，故土地制度毫無規畫，較之北朝遠甚。

第六項　後魏之均田法與其影響

後魏孝文帝仿井田之意，而行均田之法。其法如下：

孝文帝太和九年下詔均天下之田，諸男夫十五以上受露田四十畝，（不栽樹者謂之露田）婦人二十畝，奴婢依良丁，牛一頭受田三十畝，限四牛。所授之田率倍之，三易之田再倍之，以供耕作及還受之盈縮。人年及課則受田，老免及身沒則還田，奴婢牛隨有無以還受。諸桑田不在還受之限，但通入倍入田分，於分雖盈，沒則還田，不得以充露田之數，不足者以露田充倍。諸初受田者，男夫一人給田二十畝，課蒔餘，種桑五十樹，棗五株，榆三根，非桑之土，夫給一畝，依法課蒔榆棗，奴各依良，限三年種畢，不畢，奪其不畢之地，於桑榆地分，雜蒔餘果，及多種桑榆者不禁。諸應還之田，不得種桑榆棗果，種者以違令論，地人還分。諸桑田皆為世業，身終不還，恆從見口，有盈者無受無還，不足者受種如法，盈者得賣其盈，不足者得買所不足，不得賣其分，亦不得買過所足。諸麻布之土，男夫及課，別麻田四十畝，婦八五畝，奴婢依良，皆從還受之法。諸有舉戶老小癃殘，無授田者。年十一年已上，及癃者各授以半夫田，年踰七十者不還所受，寡婦守志者，雖免課亦授婦田。諸還民田恆以正月，若始受田而身亡，及賣買奴婢牛者，皆至明年正月乃得還受。諸土廣民稀之處，隨力所及，官借民種蒔，役有土居者依法封授。諸地狹之處有進丁受田而不樂遷者，則以其家桑田爲正田分，又不足，不給倍田，又不足，家內人別減分。無桑之鄉，準此爲法，樂遷者聽逐空荒，不限異州他郡，唯不聽避勞就逸，其地足之處，不得無故而移。諸民有新居者，三口給地一畝，以爲居室，奴婢五口給一畝，男女十五以上，因其地分，口課種菜五分畝之一。諸一人之分：正從正，倍從倍，不得隔越他畔，進丁受田者恆從所近，若同時俱受，先貧後富，再倍之田放此爲法。諸遠流配謫無子孫及戶絕者，墟宅桑榆盡爲公田，以供授受，授受之次，給其所親，未給之間，亦借其所親。諸宰民之官，各隨地給公田，刺史十五頃，太守十頃，治中別駕各八頃，縣令郡丞六頃，更代相付，賣者坐如律。（圖書集成經濟彙編食貨典四十二卷）

觀上所引，可知男夫十五以上受露田四十畝，婦人二十畝，奴婢牛隨有無以還受，諸桑田不在還受之限。地入還分，諸桑田皆爲代業，身終不還，恆從見口有盈者無受無還，不足者受種如法。盈者得賣其盈，不足者得買所不足；不得賣其分，亦不得買過所足。從便買賣，以合均給之數。諸凡受人田，恆以正月。馬端臨曰：「觀其立法所受露田，諸桑田不在還授之限，意桑田必是人戶世業，是以栽植桑榆其上，而露田不栽樹，則似所授者，皆荒閒無主之田，必諸遠流配謫無子孫及戶絕者墟宅桑榆盡爲公田，以相授受，則固非盡奪富者之田以予貧人也。又令有盈者不還，不足者受種如法，盈者得賣其盈，不足者得買所不足，不得賣其分，亦不得買過所不足，是令其從便買賣以合均給之數，則又非強奪之以爲公田而授無田之人，與王莽所行異矣。」（文獻通考）

北齊承魏法，一夫授露田八十畝，婦人四十畝，男子率以十八授田，輸租調，六十六退田，免租調，每丁受永業田二十畝，是爲桑田，不宜桑者，謂之麻田，永業田不付還於官。此外墾田者，亦得以其田爲永業田。斯時田租分墾租義租兩種，一輸致中央，一以留儲郡國，俾水旱之用。調輸絹綿，綿十斤中又折一斤作絲，人稅一床租調，（猶言一戶之租調）有室者輸一床，無妻者輸半床，一床應輸之調爲絹一疋，綿八兩，一床輸之租，墾租二石，義租五斗，半床者半於此數也。

均田之法，許民賣買，雖立永業口分之制，限其畝數，已非井田之本意。所謂授田，不過官取荒閑無主之田，以授浮民耳。又均田之法，不過立一準則，因田之在民間者而均之，復略師井田之意，以草萊新闢及荒閑無主之田，分授無田之人而已。後世逃民復業及浮客請佃田官授田者，史不絕書，皆此意也。善乎顧亭林氏之言曰：「人君欲留心民事而創百世之規，其亦運之掌上也已。宋林勳作本政之書，而陳同父以爲必有英雄特起之君用於一變之後，豈非知言之士哉！」（日知錄卷十）

第二節　土地政策（下）

第一項　隋唐之均田制

隋文帝篡周併陳，宇內重歸統一，令自諸王以下，至都督，皆給永業田，各有差，多者至一百頃，少者至四十畝。其丁男中男永業露田，皆從後齊之制，幷課樹以桑榆及棗。其田宅，率三口給一畝，奴婢則五口給一畝。京官又給職分田，一品給田五頃，每品以五十畝爲差，至九品爲一頃。外官亦各有職分田又給公廨公田，以供公用。至其賦法，凡丁男受田者納一床租，粟五石，桑田調以絹絁，麻土，調以布絹絁以疋加綿三兩，布以端加麻二斤，未受田不課，有品爵及孝子順孫，義夫節婦，並免課役。開皇三年減調絹一疋爲二丈，役丁十二番者減爲二十日，其後免租停役，時有所聞，故終隋之世，三十餘年，攷其賦課田賦之外，惟有身役而已。

蓋魏晉而後，南北天塹遂已形成，南朝之宋、齊、梁、陳皆以篡弑相尋，國祚甚短，經濟制度，毫無成規，大抵與東晉成一系統。隋則於亘三百餘載之分裂形勢，併而爲一，遂有整理經濟制度之機，此爲歷史上莫大之變更焉。

唐之田制，仿後魏孝文之均田法而發布所謂班田法。武德七年，定丁男年十八以上者，官給百畝，其八十畝爲口分，二十畝爲永業，篤疾廢疾者人給四十畝，寡妻妾三十畝，若爲戶者加二十畝，皆以二十畝爲永業，傳之子孫，餘八十畝爲口分，惟限一代，老死身歿，皆還於官。田多可以足其人者爲寬鄉，少者爲狹鄉，狹鄉受田減寬鄉之半，其地有厚薄，歲一易者倍授之，寬鄉三易者不倍。授工商者，寬鄉減半，狹鄉不給，凡庶人徙鄉及貧無以葬者，得賣世業田；自狹鄉徙寬鄉者，得并賣口分田；已賣不復授，死者收之，以授無田者。凡收授皆以歲十月，里正預造簿籍，縣令總集，應退應授之人，對其給受。脫戶者有禁，漏口者有禁，浮浪者有禁，占田逾限者有禁，官司應授田而不授，應課農桑而不課者有禁，每里正管百丁，田萬畝，授田先貧及有課役者，凡田，鄉有餘以給比鄉，縣有餘以給比縣，州有餘以給比州。

唐代班田法，可謂集晉魏以來田制之大成；然吾人窺其立法精神，與後魏同，而為國家之收入政策。原夫班田法在原則上應不許賣買土地者，因允許買賣土地，則土地分配失其均衡，然班田法中同時規定：「移住他鄉或以貧困不能舉葬者，得以賣去其永業田；又自狹鄉徙住寬鄉時，尚可賣其口分田。」既有賣買，班田法之意義何存？蓋寬鄉狹鄉者，諒必為荒蕪地與膏腴地之區別，國家為提倡拓植事業，獎勵農民開闢草萊，自亦未肯不可。姑無論膏腴地段成為狹鄉，在論理上已然是兼併之表現；然而對於徙住寬鄉所存留之口分田，未嘗將口分田收之於公，而是「可賣其口分田」，可見班田法之本意，非在平均土地焉。

至隋唐之均田與成周之井田相較，其得失如何，前人已有論評。宋葉水心云「唐興，只因元魏北齊制度而損益之，其度田之法闊一步長二百四十步爲畝，百畝爲頃，一夫受田一頃；周制乃是百步爲畝，唐却二倍有餘，此制度與成周不合。八十畝爲口分，二十畝爲世業，是一家之田，口分須據下來人數占田多少，周制八家皆私百畝，唐制若子弟多，則占田愈多，此又與成周不合。所謂田多可以足其人者爲寬鄉，少者爲狹鄉，狹鄉之田減寬鄉之半，其地有厚薄，歲一易者倍授之，寬鄉三易者不倍授；工商者寬鄉減半，狹鄉不給，亦與周制不同。先王建國，只是有分土無分民，但付人以百里之地，任其自治，唐既止用守令爲治，則分田之時，不當先論寬鄉狹鄉，以土論，不當以人論。今却寬鄉自得多，狹鄉自得少，自狹鄉徙寬鄉者，又得并賣永業口分而去，成周之制，雖是授田與民，其間水旱凶荒，又賑貸救卹，可以不至匱乏；若唐但知受田而已，而既已自賣其田，便已無卹民之實矣。周制最不容民遷徙，惟有罪則徙之，唐却容他遷徙，并得自賣所分之田，方授田之初，其制已不可久，又許之自賣，民始有契約文書而得以私自賣易。故唐比前世，其法雖爲粗立，然先王之法，亦自此大壞矣。」（水心集）所論頗有卓識。

第二項　宋元之土地制法

宋承五代凋敝之餘，專以保守爲政策，不敢積極改革，以啓人民之疑懼。除職田之稍有分劃外，其餘一切土地均爲人民私有。雖當時不乏整理或改造之議，並予試行，奈朝廷終於恤一時之勞，失其經遠之慮，而旋行旋止之事屢見迭出也。

彼時當局對於土地既無改革良法，一任吏豪相競以剝削農民。蓋官吏搜括致富，遂廣置土田。故宋寧宗嘉定時曾令禁兩淮官吏私買民田。重以鄉間土豪持勢欺壓，侵佔田產，更乘政府調查不周，隱瞞賦稅，或嫁稅於無力農民，於是國家稅收減少而貧農增多。政府欲清理田畝，一以稍舒小民苦痛，一以增加國家稅收，而豪強竟表示不滿。淳祐六年，殿中侍御史謝方叔言豪強囂張兼併之患，請限民田，其言曰：「國朝駐蹕錢塘，百有二十餘年矣。外之境土日荒，內之生齒日繁，權勢之家日盛，兼併之習日滋，百姓日貧，經制日壞，上下煎迫，識者懼焉。夫百萬生靈生養之具，皆本於穀粟，而穀粟之產，皆出於田。今百姓膏腴，皆歸貴勢之家，租米有及百萬石者。小民百畝之田，頻年充差保役，官吏誅求百端；不得已則獻其產於巨室，以規免役。小民田日減，而保役不休；大家田日增，而保役不及。以此兼併寖盛，民無以遂其生。」此爲宋代兼併之患。

至宋代授田與職田之制，亦爲吾人所欲知者。太宗至道二年，授給復業逃戶及浮客之田土，制田三品，分上中下授給，丁多者加給有差，又分給室廬蔬韮棗楡柳種藝之地，悉蠲租科，惟桑功以五年計租。至職田之制，始於眞宗咸平中，神宗熙寧間復詔詳定，係以官莊及遠年逃亡田充之，悉免租稅。

仁宗時上書者言賦役之不均，由田制之未立，因詔限田，公卿以下，毋過三十頃，衙前將吏應復役者，毋過十五頃，止一州之內，過是者以違制論。既而任事者終以限田不便，未幾卽廢。又禁近臣置別業京師，又禁寺觀無得市田，後承平久，勢官富姓，占田無限，習以成俗，雖重禁莫能止。

除上述授田與職田之制外，尙有方田。太宗端拱二年，詔諭邊將定緣作方田，量地遠近，列置寨柵，爲戰守之備。神宗熙寧三年，用王安石策，詔重定方田法，飭司農均稅條。熙寧五年，詔司農修定方田法及均稅法，頒之天下。

方田之法，以東西南北各千步，當四十一頃六十六畝一百六十方步爲一方，歲以九月，縣委令佐，分地計量，隨陂原平澤而定其地，因赤淤黑壚而辨其色，方量畢，以地及色參地肥瘠而分五等，以定其稅至明歲三月畢，揭以示民，一季無訟，卽書戶帖，連莊賬付之，以爲地符。均稅之法，縣各以其租額稅數爲限，舊嘗收蹙奇零，如米不及十合而收爲升，絹不滿十分而收爲分之類，令不得均攤增展，致溢舊額，若瘠鹵不毛，及山林陂塘皆不立稅。凡田之角，立土爲峯，植其地之所宜木以封表之，有方賬，有莊賬，有甲賬，有戶賬，其分烟析產，典賣割移，官給契，縣置簿，皆以所方之爲田正。令旣異，先自京東路行之，諸路倣焉，其意本以便民，而所遣官吏，操切騷擾，滋爲民病。元豐八年詔罷之。

元以蒙人入主中夏，其武功之卓著，堪爲歷代冠。而文治方面，則無足述者。故於土地，則概屬枝節彌縫，初無久遠之規劃，且胥小弄權，擅行聚斂，民重苦之。

元時一般土地，除屯田，學田，公田，寺田外，皆爲人民所私有，世祖時用張閭經理之法，限田四百畝，以給軍需，餘悉令貢賦，並限民四十日，以其所有田自實於官，於是戶有定籍，田有定賦，相安無事者幾四十年。厥後奸民汙吏，因緣成奸，搜括田畝，務以增多爲能，甚至毀民廬，夷墓揭骨，以爲增多頃畝之計；且往往以無爲有，虛具於籍，以致民不聊生，盜賊蜂起，田野荒廢。仁宗時，從吳元珪言，命仍遵舊制，然括田之害，逼民於死者屢見焉。

第三項　明清之土地制法

明代土田之制，凡二等：曰官田，曰民田，官田名稱繁多，不下十餘種，要皆爲官授之田，厥後仍須還官。據明初之調查，天下官田之數，約占民田七分之一，除官田外其餘概謂之民田，爲人民私有之土地，得自由買賣，官府不加干涉。民田之中，當時別無制度可言，惟於田多荒蕪之區域，偶有計口授田之制，其意在於開招熟田，非垂久遠之制也。玆試舉官田名稱如左：

(一)舊有官田　此從宋元以來遺下之官田，於官田中爲多數。

(二)還官田　所謂還官田者，卽前代貴族富豪之莊園，貴族隨朝代而沒落，其田卽還付於公家，故名。

(三)沒官田　人民因犯罪而被沒收之田地，國家雇人耕種，而徵收其租稅。

(四)斷入官田　戶口斷絕，無承繼之人，不得已沒入官，以爲國官所有者也。

(五)皇莊及皇族勳舊賜田　有明一代皇莊爲數不鮮，如明武宗時，皇莊不下三百餘處，然每莊之田約有多少?據神宗時,每一莊所占之田有實達二萬頃者,迄至福王分封之時搜括豫魯湖廣之田爲莊田者竟達四萬頃,由此即可估計明代封建階級所占之土地當到達可驚之程度。不特此也。並有勳舊之莊園,賞賜莊田或至百頃,所占之地當不在少數。

此外尚有屯田,學田,職田等名目,不及詳舉。

至於民田,明代曾經一度之整理:元季喪亂,版籍多亡,明太祖即位,命戶部覈實天下土田。洪武二十年,命武淳等分行州縣,隨糧定區區設糧長四人,度量田畝,覈天下土田,總八百五十萬七千六百二十三頃。迄弘治十五年,天下土田止四百二十二萬八千零五十八頃,百四十年已減強半,而湖廣河南失額尤多,非撥給於王府,則欺隱於猾民,廣東無藩府,非欺隱即委棄於寇賊,丈量之議,由此起矣。厥後萬曆六年,張居正議用開方法,以徑圍乘除,畸零截補,天下田畝,通行丈量,得田七百零一萬三千九百七十六頃,視弘治贏三百萬頃矣。然居正尚綜核,頗以溢額爲功,有司爭改小弓以求田多,或培克見田以充虛額,政府亦先後按溢額增賦,人民頗感痛苦云。

清代入關以來,即採用其先代金人奪田政策,除曾將明時莊田一部還諸故主外,遂以大部份給滿蒙漢軍各八旗兵復用磤兵行圈地法被圈頗多稱之爲旗田觀順治元年給戶部諭：

我朝定都燕京，期於久遠，凡近京各州縣無主荒田，及前明皇親、駙馬、公、侯、伯、内監沒於寇亂者無主莊田甚多。爾部清釐，如本主尚存，及有子弟存者，量口給與，其餘盡分給東來諸王、勳臣、兵丁人等。蓋非利其土地，良以東來諸王、勳臣、兵丁人等無處安置，故不得已而取之。可令各府州縣鄉村，滿漢分居，各理疆界，以杜異日爭端。今年從東來諸王、各官、兵丁及將來在京各部院官，着先撥給田園，其後至者，再酌量撥給。

由此可知明時之皇莊與莊園已不在少數，異族侵入，屠殺最甚，所謂「本主尚存」、「及有子弟存者」之語，當爲冠冕之辭；縱令存在，又豈能以存在聞？至於無主荒田，不計其數，蓋李張闖賊殺戮於前，而清兵入關又屠殺於後，於是田荒蕪而無主矣。

至八旗井田制，其法：由內務府退出餘地及戶部所收官地內，選一部制爲井田，選無產業之旗丁耕種，自十六歲以上，至六十歲以下，各授田百畝，周圍八方分爲私田，中百畝爲公田。此制始行於新城、固安、京兆等縣。雍正七年，復設於霸州、永淸縣。至乾隆元年，復改爲屯戶，井田遂廢。要之，八旗井田制，不過爲一部份征服民族立一種保障特權之土地制，而非眞正解決土地分配問題之法制也。

第四項　太平天國之公田制

太平天國洪秀全以革命手段，毅然決然行公田制度，根本推翻宋，元，明，清歷代相沿之純粹剝削制度。（官府與地主的二重剝削）誠開吾國經界史上之一新紀元。（太平天國三年曾頒行天朝田畝制度，當時是制曾經實行，曾文正公全集咸豐四年討粵匪檄文云「……農不能自耕以納賦，謂田皆天主之田也；商不能自買以取息，謂貨皆天主之貨也。」是彼時土地已收歸國有，然後分配於農民，而將土地所產之利益，輸納其一部份於公家也。此與古代井田頗吻合，足資證明。）惟天國失敗後，一切典章制度，均爲淸廷毀滅，不易得確實之史料。程演生太平天國史料第一集錄有天朝田畝制度。（惟文不全，近從美國圖書館抄其全份，特附文尾。）其文云：

凡田分九等：其田一畝，早晚二季可出一千二百斤者，爲尙尙田；可出一千一百斤者，爲尙中田；可出一千斤者，爲尙下田；可出九百斤者，爲中尙田；可出八百斤者，爲中中田；可出七百斤者，爲中下田；可出六百斤者，爲下尙田；可出五百斤者，爲下中田；可出四百斤者，爲下下田。尙尙田一畝，當尙中田一畝一分，當尙下田一畝二分，當中尙田一畝三分五釐，當中中田一畝一分，當中下田一畝七分五釐，當下尙田二畝，當下中田二畝四分，當下下田三畝。凡分田照人口，不論男婦，算其家人口多寡，人多則分多，人寡則分寡。雜以九等：如一家六人，分三人好田，分三人醜田，好醜各一半。凡天下田，天下人同耕：此處不足，則遷彼處；彼處不足，則遷此處。凡天下田，豐荒相通：此處荒，則移彼豐處，以賑此荒處；彼處荒，則移此豐處，以賑彼荒處。務使天下共享天父上主皇上帝大福，有田同耕，有飯同食，有衣同穿，有錢同使，無處不均勻，無人不飽煖也。凡男婦，每一人自十六歲以尙受田，多踰十五歲以下一半。如十六歲以尙分尙尙田一畝，則十五歲減其半，分尙尙田五分。又十六歲以尙分下下田三畝，則十五歲減其半，分下下田一畝五分。

此已將辦法與精神大略敍述，且可觀當時土地公有制度之組織，此制度是將全國土地成爲一單純的經濟組織，將全部之農產均其多寡豐歉，勻給全國民衆，誠可謂經濟制度上之大革命也。

天朝田畝制度（原文藏美國波士頓圖書館）

凡一軍典分田二，典刑法二，典錢穀二，典入二，典出二，俱一正一副，卽以師帥旅帥兼攝當其事者掌其事，不當其事者亦贊其事。凡一軍一切生死黜陟等事，軍帥詳監軍，監軍詳欽命總制，欽命總制次詳將軍侍衛指揮檢點丞相，丞相稟軍師，軍師奏天王，天王降旨，軍師遵行。功勳等臣世食天祿，其后來歸從者每年每家設一人爲伍卒，有警則首領統之爲兵，殺敵捕賊，無事則首領督之爲農，耕田奉尙。

凡田分九等，其田一畝，早晚二季可出一千二百斤者爲尙尙田，可出一千一百斤者爲尙中田，可出一千斤者爲尙下田，可出九百斤者爲中尙田，可出八百斤者爲中中田，可出七百斤者爲中下田，可出六百斤者爲下尙田，可出五百斤者爲下中田，可出四百斤者爲下下田。尙尙田一畝，當尙中田一畝一分，當尙下田一畝二分，當中尙田一畝三分五釐，當中中田一畝五分，當中下田一畝七分五釐，當下尙田二畝，當下中田二畝四分，當下下田三畝。凡分田照人口不論男婦，算其家人口多寡，人多則分多，人寡則分寡，雜以九家，如一家六人，分三人好田，分三人醜田，好醜各一半。凡天下田，天下人同耕，此處不足，則遷彼處，彼處不足，則遷此處。凡天下田豐荒相通，此處荒，則移彼豐處，以賑此荒處，彼處荒，則移此豐處，以賑彼荒處。務使天下共享天父上主皇上帝大福，有田同耕，有飯同食，有衣同穿，有錢同使，無處不均勻，無人不飽煖也。凡男婦每一人自十六歲以尙受田，多踰十五歲以下一半，如十六歲以尙分尙田一畝，則十五歲以下減其半分尙田五分，又如十六歲以下分下下田三畝，則十五歲以下減其半分下下田一畝五分。凡天下樹牆下以桑，凡婦蠶績縫衣裳，凡天下每家五母雞，二母彘，無失其時。凡當收成時，兩司馬督伍長除足其二十五家每人所食可接新穀外，餘則歸國庫。凡麥豆苧蔴布帛雞犬各物及銀錢亦然。蓋天下皆是天父上主皇上帝一大家。天下人人不受私物，物歸上主，則主有所運用，天下大家處處平均，人人飽煖矣。此迺天父上主皇上帝特命太平眞主救世旨意也。但兩司馬存其錢穀數於簿上，其數於典錢穀及典出入，凡二十五家中設國庫一，禮拜堂一，兩司馬居之，凡二十五家中所有婚娶彌月喜事俱用國庫；但有限式，不得多用一錢。如一家有婚娶彌月事，給錢一千，穀一百斤，通天下皆一式，總要用之有節，以備兵荒。凡天下婚姻不論財，凡二十五家中陶冶木石等匠，俱用伍長及伍卒爲之，農隙治事。凡兩司馬辦其二十五家婚娶吉喜等事，總是祭告天父上主皇上帝，一切舊時歪例盡除，其二十五家中童子，俱日至禮拜堂，兩司馬教讀舊遺詔聖書，新遺詔聖書，及眞命詔旨書焉。凡禮拜日，伍長各率男婦至禮拜堂，分別男女行講，聽道理，頌讚祭奠天父上主皇上帝焉。凡二十五家中力農者有賞，惰農者有罰。或各家有爭訟，兩造赴兩司馬，兩司馬聽其曲直。不息，則兩司馬挈兩造赴卒長，卒長聽其曲直。不息，則卒長尙其事於旅帥，師帥，典執法及軍帥，軍帥會同執法判斷之，既成獄辭，軍帥又必尙其事於監軍，監軍次詳總制，將軍，侍衛，指揮，檢點，及丞相，丞相稟軍師，軍師奏天王，天王降旨命軍師，丞相，檢點及典執法官等直啓天王主斷，天王迺降旨主斷，或生或死，或予或奪，軍師遵旨處決。凡天下官民總遵官十款天條，及遵命令盡忠報國者，則爲忠，由卑陞至高，世其官。官或違犯十款天條，及逆命令受賄弄弊者，則爲奸，由高貶至卑，黜爲農民。能遵條命及力農者則爲賢爲良，或舉或賞。民或違條命及惰農者，則爲惡爲頑，或誅或罰。凡天下每歲一舉，以補諸官之缺。舉得其人，保舉者受賞；舉非其人，保舉者受罰。其伍卒民有能遵守條命及力農者，兩司馬則列其行蹟，註其姓名，並自己保舉姓名於卒長。卒長細核其人於本五百家中，果實，則詳其人，並舉姓名於旅帥。旅帥細核其人於本五百家中，果實，則尙其人，並保舉姓名於師帥。師帥實核其人於本二千五百家中，果實，則尙其人，並保舉姓名於軍帥。軍帥總核其人於本軍中，果實，則尙其人，並保舉姓名於監軍，監軍詳總制，總制次詳將軍侍衛指揮檢點丞相，丞相稟軍師，軍師啓天王，天王降旨調選天下各軍所舉爲某旗或師帥或旅帥或卒長兩司馬伍長。凡濫保舉人者，黜爲農。凡天下諸官，三歲一陞貶，以示天朝之公。凡濫保舉人及濫奏貶人者，黜爲農。當陞貶年，各首領各保陞奏貶其統屬。卒長細核其所統兩司馬及伍長，某人果有賢蹟，則列其賢蹟；某人果有惡蹟，則列其惡蹟，詳其人並自己保陞奏貶姓名於軍帥。至若其人無可保陞並無可奏貶者，則姑置其人不保不奏也。旅帥核其所統屬卒長及各兩司馬伍長，某人果有賢蹟，則列其賢蹟，某人果有惡蹟，則列其惡蹟，詳其人並自己保陞奏貶姓名於師帥。師帥細核其所統屬旅帥以下官，某人果有賢蹟，則列其賢蹟，某人果有惡蹟，則列其惡蹟。詳其人並自己保陞奏貶姓名於軍帥。軍帥將師帥以下官所保陞奏貶姓名，并自己所保陞奏貶某官姓名，詳於監軍。監軍並細核其所統軍帥，某人果有賢蹟，則列其賢蹟，某人果有惡蹟，則列其惡蹟，詳其人並自己保陞奏貶姓名詳欽命總制。欽命總制並細核其所統監軍，某人果有賢蹟，則列其賢蹟，某人果有惡蹟，則列其惡蹟，詳其人並自己保陞奏貶姓名一同舉於將軍侍衛指揮檢點及丞相，丞相稟軍師，軍師將各欽命總制及各監軍及各軍帥以下官所保陞奏貶各姓名直啓天王主斷，天王乃降旨主斷，超陞各欽命總制所保陞各監軍，其或陞爲欽命總制，或陞爲侍衛；譴謫各欽命總制所奏貶各監軍，或陞爲軍帥，或貶爲師帥。超陞各監軍所保陞各軍帥，或陞爲監軍，或陞爲侍衛。譴謫各監軍所奏貶各軍帥，或貶爲師帥，或貶爲旅帥卒長。超陞各軍帥所保陞各官，或陞尙一等，或陞尙二等，或陞軍帥。譴謫各軍帥所奏貶各官，或貶爲下一等，或貶爲下二等，或貶爲農。天王降旨軍師宣丞相，丞相宣檢點指揮將軍侍衞總制，總制次宣監軍監軍宣各官，一體遵行，監軍以下官俱是在倘保陞，奏貶在下，惟欽命總制一官，天王准其所統各監軍保陞奏貶，欽命總制天朝內丞相檢點指揮將軍侍衛諸官，天王亦准其倘下互相保陞奏貶，以剔倘下相蒙之弊，至內外諸官，若有大功大勳、及大奸不法等事，天王准其倘下不時保陞奏貶，不必拘陞貶之年。但凡在倘保陞，奏貶在下，誣則黜爲農。至凡在下保陞奏貶在倘，誣則加罪。凡保陞奏貶所列賢惡蹟，總要有憑據方爲實也。凡設軍每一萬三千一百五十六家先設一軍帥，次設軍帥所統五師，次設師帥所統五旅帥，共二十五旅帥，次設二十五旅帥各所統五卒長，共一百二十五卒長，次設一百二十五卒長各所統四兩司馬，共五百兩司馬，次設五百兩司馬各所統五伍長，共二千五百伍長，次設二千五百伍長各所統四伍卒。共一萬伍卒，通一軍人數，共一萬三千一百五十六人。凡設軍以后人家添多，添多五家，另設一伍長，添多二十六家，另設一兩司馬，添多一百零五家，另設一卒長，添多五百二十六家，另添一旅帥，添多二千六百三十一家，另設一師帥、共添多一萬三千五百六家，另設一軍帥。未設軍帥前，其師帥以下官仍歸屬軍帥統屬，既設軍帥，則制歸本軍帥統屬，凡內外諸官及民，每禮拜日聽講聖經，虔誠祭奠禮拜，頌讚天父上主皇上帝焉。每七七四十九禮拜日，師帥旅帥卒長更番至所屬兩司馬禮拜堂講聖書，教化民，兼祭其遵條命與違條命及勤惰，如第一七七四十九禮拜日，師帥至某兩司馬禮拜堂，第二七七四十九禮拜日，師帥又別至某兩司馬禮拜堂，以次第輪，週而復始，旅帥卒長亦然，凡天下每一夫有妻子女三四口或五六七八口，則出一人為兵，其餘鰥寡孤獨廢疾免役，皆須國庫以養，凡天下諸每禮拜日依職份虔誠設牲饌奠禮拜頌讚天父上主皇上帝，講聖書，有敢怠慢者，黜為農，欽此。

第三節　農民保護政策

第一項　重農抑商

一　重農

中國之有農業，遠在五千年以前。其時他民族尚多在漁獵時代或游牧時代，我則已知耕稼之法。顧吾國農業之發明雖早，而進步則頗爲遲緩。歷代雖皆昌言重農，大抵只言農政，不言農學，只知爲經濟方面之補苴，不知爲技術方面之研究。蓋其時之人，根本不認農業有學習之必要。以爲只須農民數量增多，直能盡力操作，使國無曠土，農業便可發達，民食便可充足矣。

吾國古者固嘗以農爲政本，蒸乃粒食，萬邦作乂，斯其爲効也弘。白虎通曰：「古之人民，皆食禽獸肉，至於神農，用天之時，分地之利，制耒耜，教民農作」，是爲吾國農業之起源。自后稷教民稼穡，其孫叔均改耜耕而發明犂耕之法，農業乃臻於極盛。漢文帝詔「農天下之大本也，民所恃以生也。」管子曰「民無所遊食，必農，民事農則田墾，田墾則粟足，粟足則國富。」若是則農又爲富國之本矣。衣食充足，乃免饑寒，農業雖盛，不能保無凶旱水溢之災，於是乃注重貯蓄，以爲之備。禮記王制曰：「國無九年之蓄曰不足，無六年之蓄曰急，無三年之蓄曰國非其國也。三年耕必有一年之食，九年耕必有三年之食，以三十年之通，雖有凶旱水溢，民無菜色。」衣食足而貯蓄備，民無饑寒之變，乃始教民以道德，所謂「制民之產，必使仰足以事父母，俯足以畜妻子，樂歲終身飽，凶年免於死亡，然後驅而之善，故民從之也輕」（孟子）亦卽所謂「用天之時，分地之利，謹身節用，以養父母此庶人之孝也。」而「教之所由生也。」（孝經）班固釋洪範八政食貨之條曰：「食足貨通，然後國實民富而教化成。」李覯曰：『洪範八政，一曰食，二曰貨，孔子曰：「足食足兵，民信之矣。」是則治國之實，必本於財用，蓋城郭宮室非財不完，羞服車馬非財不具，百官羣吏非財不養；軍旅征戍非財不給。禮以是舉，政以是成，愛以是立，威以是行，是故神聖之君，經濟之士，必先富其國焉。』蓋吾國數千年來歷世相守之觀念，所謂修齊治平之道，必衣食備而後可行，欲衣食之備，則非仰給於農事不爲功，故以農爲立國之本，此卽我國人所固信之經濟的觀念也。我國人之經濟根本思想旣在於食，則食以外之貨物，常視爲無關輕重，故劉陶曰：「民可百年無貨，不可一朝有饑。」晁錯曰：「明君貴五穀而賤金玉。」農政全書序言：「夫金銀錢幣，所以衡財也，而不可爲財。方今之患，在於日求銀錢，而不求五穀，宜其貧也益甚！此不識本末之故也。」荀卿曰：「田野縣鄙者，財之本也；垣窌倉廩者，財之末也。」所謂本者，卽尊食重農之念，而農本主義之所從出也。因是以農業爲本務，則工商之人，自擯居於第二部位，國家法令，亦以強本抑末爲職志，以孝弟力田爲明訓，故若禁止商人衣絹素，禁止商人與科攷，種種限制商人，提倡農耕之舉動，乃時見於詔書中矣。（此外對于農作物亦有相當的保護法，凡犯踐傷農作物者皆處罰，如曹操之禁軍馬踐傷麥田，及金世宗之幸銀山兵士傷苗稼亦償以金。此制亦沿行于清。耕牛之保護，在唐律上，即有殺牛馬者處徒刑一年之文，其法亦沿用於後世。）日本人所編之支那經濟全書謂：「中國既貴農而賤商，其弊害致使人民之經濟的活動，趨於消極，人心亦因而重保守，不能應時勢之進化，固世所共見者也。」然吾國人所以相守數千年而不變者，則固由於他種產業之不發達，簡括舉之，尚有三因：（一）農為社會進步之原動力。蓋上古草昧初開，人民由遊牧而進為農業，始敦鄉黨親族之誼，正君臣上下之分，而政治道德社會經濟並為長足之進步。（二）農為衣食生產之泉源。鹽鐵論所謂「衣食者民之本，稼穡者民之務。」又「種樹繁，躬耕時，而衣食足，雖凶年人不病也。」（三）農能使人民易治，呂氏春秋所謂：「民耕則樸，樸則易用。」晁錯所謂：「務民於農桑，民可得而有也。」是則重農非僅為闢地利，殖嘉穀，而政教之本實繫於此矣。

二　抑商

吾人既明古時重農之由來，則賤商輕工之事亦不可不知，攷吾國古時輕商之起源，由於商鞅，如曰「大小勠力致粟帛多者，免除其身役，（力役之征）事末利。（商人）及怠而貧者，舉以爲收孥，（收其妻女沒爲奴隸）」又秦始皇本紀云：「上農除末，黔首是富」是爲貴農賤商之意義。李斯云：「今天下已定，法令出一，百姓當家則力農工」此僅論農工而不及商也。又秦代往往「發諸嘗逋亡人，贅壻賈人略取陸梁地，（今嶺南地）」是將商人與逋亡之罪人同一看待也。吾人就其經濟背景觀之，則其貴農賤商政策，亦爲勢所必然，何以言之？據通典食貨田制上云：「秦孝公用商鞅，制轅田，開阡陌，鞅以三晉地狹人貧，秦地廣人寡，故草不盡墾，地利不盡出，於是誘三晉之人，利其田宅，復三代無知兵事，而務本於內。能使秦人應敵於外……任其所耕，不限多少，數年之間，國富兵強。」觀此則秦重農輕商之政策宜也。

漢高祖既定天下，「令賈人不得衣絲乘車，又重租稅以困辱之，」並禁其勿得爲吏與名田，農民只出賦錢一算，而商人與奴隸則出倍算，其賤視商人爲何如？則賈誼亦有所論及：

「一夫不耕，或受其饑，一女不織，或受其寒，生之有時而用之無度，則物力必屈。古之治天下，至纖至悉，故其畜積足恃。今背本（農）而趨末（商）者甚衆，淫俗之侈，日月以長，天下財產何得不賑？卽不幸有方二三千里之旱國胡以相恤？卒然邊境有急數十萬之衆國胡以餽之？……今歐民而歸之農皆著於本使天下各食其力末技（工業者）遊食之民，轉而緣南畝，則蓄積足而人樂其所矣。

據上述則漢之重農輕商至爲詳明。至東漢桓譚請限制商人不得兼營二業及爲官吏，西晉則爲政府「欲使力農故重征商稅，」殆由東晉以至於梁陳，凡買賣奴婢牛馬田宅立有文劵者，價値一萬賣者納稅三百買者一百，無文劵者値百稅四，名爲散估，此殆卽寓征於禁之意。隋高祖開皇十六年，禁工商不得仕進。唐高祖定工商雜類不得與於仕伍，肅宗遣鄭叔淸等括江淮蜀漢富商之財，十收其二，謂之「率貸。」五代戰爭無有寧日，然商人更因當時之鐵法鹽法麴法倍遭打擊。宋代理學最盛，重本賤末，故自熙寧十年以後，商旅裹足，蓋荷微物貿易于村落者，胥指爲漏稅，科以重罪之故。元代商稅之征收是名爲三分取一，制究竟是何比例，其詳不得而知，然屬於苛征商人無疑。明代頒布賤商之令，據農政全書所載：「太祖加意重本抑末，令農民之家，許穿紬紗絹布；商賈之家，只許穿布；農民之家，但有一人爲商賈者，亦不許穿紬紗。」十八年又諭戶部以

「崇本必先於黜末。」又謂「足食在於禁末。」可見明代重農賤商之盛。清初入主中原，商人階級之壓抑尤甚，有所謂賦外之賦，差外之差，關外之關，稅外之稅，如揚關淮關之外，邵伯又加攔阻，既有滸墅關，復於無錫設老人關，此卽關外之關；揚關滸墅關正數一倍，納至四五倍，此卽稅外之稅，此爲康熙時代之抑商政策也。惟自茲以後，人口日增，慾望日高，月異歲差，則製造工作，交易貨物之需要，亦自有人力不可遏止之勢，雖國家崇本抑末，而商工之利益，究遠出於農家之上，於是農民之趨於商者，又日多，非法律訓令之所能禁也。且自東西洋交通以來，外國經濟思想輸入，而沿海人民，趨重貿易。鴉片戰爭而後，吾國更不得固守其鎖港政策，乃大放門戶，任外國經濟勢力之侵入，國人推源列國富強之由，由於工商，於是識時者，務重商而抑農，二者內外交攻，重農主義之論據，遂亦發生動搖之現象矣。直至近日，農本主義仍牢固於吾國人之思想中，而不可破，然工商之占優越地位，此又不可掩之事實，則農固已失其爲本之性質矣。方今諸家紛紛，言主義者，或歸咎於農本撼動，而創爲農村救國之說；談維新者，則又惡農之重保守，少進步，不足以與列強抗衡，而大倡工商，吾以爲提倡工商，獎勵工商，誠是已，舍吾國經濟上之根據——農業——而奮鶩於負販機軋之業，亦殊非計之得者。苟能以農爲本，工商爲輔，相勢利導，一免我國從前與英日現在社會偏枯不齊之弊，庶不悖於經濟學上之原理，與夫世界潮流之趨勢，則郅治之隆，或可期矣。

第二項　減輕租稅

古時經濟社會單簡，因田制賦。其所以制賦稅者，謂公田什之一。故當時言租稅者，必不能離田制。而井田之制，一方面雖爲田制，而其他一方面是可視爲稅制。田制與稅制，在今日雖大有分別，不容混亂，而在古時之因田制賦者觀之，則稅既專出自田，一制度之可以爲稅制者，同時自亦可以爲田制。蓋古時田產私有制度，尚未萌芽，在公田制度之下，必有以供政府之用者，什一之徵，由此而起。貢也，助也，徹也，其實皆什一也。其稅之名目，如貢，如助，如徹，雖有不同，其納稅之數目，如五畝，七畝，十畝，雖有輕重，而其比例，則均爲十分之一，故曰什一。夏后氏五十而貢，一夫受田五十畝，而每夫計其五畝之入以爲貢。殷人七十而助，始爲井田之制，以六百三十畝之地，畫爲九區，每區七十畝，中爲公田，其外八家各授一區，但借其力以助耕公田，而不復稅其私田。商制既較夏制爲善，而周制則與商制相同，所謂「雖周亦助也」是。

降至春秋，世衰法壞，魯民以宣公之無恩信也，不肯盡力於公田，而宣公遂于十五年擇其善畝好穀者稅取之；破什一之法，履畝而稅，實自此始，此春秋所以有初稅畝之譏也。但以經濟社會漸漸變動之故，國家之支出，亦隨之而增漲，魯宣公之創稅畝，成公之作邱甲，哀公之用田賦，或卽因緣此種原因而起。春秋各國中，同一現狀，而破壞井田之制，獨見於魯史，或孔子作春秋，於魯記載較詳之故，其他各國軍費之較浩大者，或早已有此現象，故當時學者皆有減輕租稅尊重什一之論調，最顯著者如孔子有薄斂之詞，有若有盍徹之對，其最透澈者，如孟子所云「易其田疇，薄其稅斂，民可使富也；食之以時，用之以禮，財不可勝用也。」又曰：「用其一，緩其二，用其二而民有莩，用其三而父子離。」孟子之言，乃指一般諸侯而言，由此而知賦稅之重，井田制之不得不破壞，已成各國共有現象，不僅魯國一國而已也。

秦始皇三十一年，使黔首自實田，以定賦，任民作耕，不計多少，舍地稅人，實自秦始。（考其最早尚在秦孝公十二年開阡陌）漢書所謂秦分田租口賦二十倍於古是也。

以上敍述我國稅制之起源及其變遷之大概也。

災荒之際，人民謀生自給，倘苦無力，若再重以賦役追呼，則其困苦更甚。古制每遇荒年，則蠲緩賦稅，蓋因倉卒不能增加人民收入，只得先減其支出，以紓其力，即所以裕其生也。我國史書中蠲緩之例，更仆難數，茲摘錄如左：

周制大司徒荒政十二，二曰薄征，註、輕租稅也。疏云豐年從正，儉有所殺，若今十傷二三，實除減半，又均人凶札則無力政，無財賦，不收地守地職，註無力政，恤其勞，無財賦，恤其乏困，不收山澤及地稅也。（周禮）此卽後世遇荒蠲免之始。齊制歲飢不稅，註、歲時總飢，故不稅。又曰歲飢弛而稅，註、謂弛飢而稅不飢。（管子）

漢興，天下既定，高祖約法省禁，輕田租，十五而稅一，量吏祿，度官用，以賦於民，所謂量出爲入是。惠帝卽位之後，因什五稅一之法，中道間廢，又從而復之。文帝十二年納鼂錯之說，厚恤農民，詔賜天下民租之半；十三年除民之田租。景帝二年，令民半出田租，三十而稅一。武帝末年，悔征伐之事，行代田之法，田一畮三甽，歲代處，故曰代田，古法也。昭帝詔曰：「朕憫百姓未贍，前年減漕三百萬石，其令郡國無斂今年馬口錢；（稅名）三輔太常郡得以菽粟當賦。」又詔曰：「民被水災頗匱於食，其止四年毋漕。三年以前所賑貸，非丞相御史所請，邊郡受牛，勿收責。詔民又以車船載穀入關，得無用傳。」（漢書）宣帝本始元年，赦天下租稅勿收。三年詔郡國傷旱甚者，民毋出租賦；四年有地震之災，詔亦如之；元康二年，又免被災之郡本年租賦。元帝初元元年，令郡國被災害甚者，毋出租賦；二年有地震之災，詔亦爲之。成帝建始元年，郡國被災什四以上，毋收田租。哀平之際，凡被災之郡，皆先後免收租稅。此西漢之制也。東漢光武建武六年，令郡國收田租，按三十而稅一，如舊制；十五年，詔州郡檢覆墾田。章帝建初三年，詔以布帛爲租。桓帝延熹八年初令郡國有田畝稅斂錢，乃出於常賦三十取一之外。此東漢之制也。總之，終兩漢之世，田租爲最薄也。魏武初年袁氏以定鄴都，令收田租畝粟四升，戶絹二疋，綿二斤，餘皆不得擅興藏，強賦弱。晉武帝太康三年，詔四方水旱甚者無出田租，五年雨雹傷秋稼，減天下戶課三分之一。六年歲不登免租。東晉成帝咸和五年，始度百姓田，取十分之一，率畝稅米三升。哀帝減田租，畝收二升。孝武太元二年，除度定田收租之制，王公以下，口稅三斛，唯蠲在身之役；八年又增稅米口五石。自東晉以後，歷宋齊梁陳，其軍國所需雜物，隨土所出，臨時折課，市取乃無恆法定令。令列州郡縣，制其任土所出，以爲徵賦。賦斂無時，徵求不一，王子良所謂百姓駭迫，不堪其命是也。（王子良爲當時人，有表上齊高帝）魏令每調一夫一婦帛一匹，粟一石，人年十三以上未娶者四人出一夫一婦之調，奴任耕婢任績者，八口當未娶者四，耕牛十頭當奴婢八，其麻布之鄉，一夫一婦布一疋，下至半以此爲降，大率十疋中五疋爲公調，二疋爲調外費，三疋爲內外百官俸。孝文延興四年戶增帛三疋，粟二石九斗，以爲官司之祿。復增調外帛滿二疋。至太和之年，行均田法。孝明孝昌二年，稅京師田租畝五升，借貸公田者畝一斗。莊帝時因人貧富爲租輸三等九品之制。北齊給受田令，仍依魏制。文宣天保八年，立九等之賦，富者稅其錢，貧者役其力。武成之時，因所役甚廣，姦欺日甚，戶口租調，十亡六七。周制，司賦掌賦均之政令，凡人自十八至六十四與輕疾者皆賦之，有室者歲不過絹一疋，綿八兩，粟五斛，丁者半之，其非桑土，有室者布一疋，麻十斤，丁者又半之，豐年則全賦，中年半之，下年一之，皆以時徵焉；若遇凶札，則不徵其賦。此南北朝時代之制度也。隨文帝開皇五年，水災免租賦，六年詔亦如之；十八年又免遭水處租調。唐高祖武德元年，制凡稅斂之數，書於縣門坊，與衆知之，水旱霜蝗耗十四者免其租，桑麻盡者免其調，田耗十之六者免租調，耗七者租役皆免。太宗貞觀元年以旱饑，免租，高宗上元二年免旱澇蟲霜諸州租。玄宗開元五年蝗患，令無出今年地租；二十二年，敕曰：「百姓屢空，朕孰與足，念言於此，良所疚懷。又聞京畿及關輔有損田，百姓等屬，頻年不稔，不乏糧儲，雖今年薄收，未免辛苦，宜從蠲省，勿用虛弊，至如州縣不急之務，差科徭役，並積久欠負等，一切並停。其今年租八等以下，特宜放免地稅，受田一頃以下者，亦宜放免。」代宗大曆四年蠲放淮南租庸地稅；五年定法，夏稅上田畝六升，下田畝四升，秋稅上田畝五升，下田畝三升。德宗時用楊炎爲相，行兩稅法，夏輸限六月，秋輸限十一月，先度經費而賦於民，量出制入，戶無主客，以見居爲簿，人無丁中，以貧富爲差，不居處而行商者，於所在州縣課三十之一，度所取與居者均，使無饒利，其租庸雜徭悉省，而丁額不廢。天下便之。貞元十二年，旱放租稅。憲宗元和四年詔諸道遭水旱者，免其田租。文宗太和五年以水災蠲秋租。此唐制也。五代承唐之後，各國分裂，兩稅之外，更多剝削，常檢視現墾田以定歲租，吏緣爲奸，稅不均適，今將可考者列下：後梁初興，厲以耕桑，薄其租賦。後唐莊宗初除百姓田租，四年敕河南尹豫借夏秋租，民不聊生。後晉高祖天福二年，用杜簉策言，令逐處長吏，編下管內應是荒田，有主者一任本主開耕，無主者一任百姓請射佃蒔，三年內並不在收税之限。後周世宗顯德二年，敕逃戶莊田，許人請射承佃，供納租税。嘗夜讀書，見唐元稹均田圖，慨然嘆曰，此致治之本也，乃詔頒其圖法，期以一歲大均天下之田，此五代之制也。自唐建中行春秋兩税法以來，五代及宋皆因之，宋制二税，前期令縣各造税籍，夏税籍以正月一日起，秋税籍以四月一日起，並限四十五日畢，二税徵收起畢之日，各地不同，夏税最遲者可至九月，初秋税最遲者可至翌年正月，此則較唐爲特別寬者也。太祖以去民之疾苦爲急務，所有無名苛細之斂，剗革殆盡，尺縑斗粟，無所增益，其後更有支移折變之法，又有倚格之法，宋之惠民，可謂至矣。馬端臨通考言：「宋以仁立國，蠲租之事，視前代爲過之，歲不勝書」。乾德四年，旱，免今年租税；五年，詔亦如之。太宗淳化元年，水旱，免田租。眞宗天禧四年，振諸路民饑，發粟減租，大中祥符元年，詔免諸路州軍農器收税。哲宗元祐之年，旱傷，免其租税，徽宗崇寧中，司漕者謂凡不願支移而願輸道里脚價者，特增道里脚價之費，斗錢五十六倍於昔，而對于貧民尤肆行需索，至有鬻牛易產，猶不給者，然大觀二年，詔天下租賦科撥支折，先富後貧，又詔道里脚錢不及斗者，免其弊，雖得末減，然支移之法，遂成爲害民之政矣。惟宋代以寬大爲政策，雖支移折變之法，敝而有倚格之法調和其中，獨惜其守因循之習無革新之念，故終宋之世，田制未立，歲賦亦不振。金太祖令貧民逋欠三年勿徵；宣宗貞祐二年詔免逋戶租稅；（續通考）興定五年命有司除逋戶負租，毋征欠戶，逋戶田廬有司募民承業，禁其毀損，以俟來復。（金史）元代地丁稅，大率取法於唐，其取於內郡者，曰丁稅，曰地稅，倣唐之租庸調法也，取於江南者，曰夏稅，曰秋稅，倣唐之兩稅法也。此外有在官之田，又有所謂助役糧者，亦當時之例外也。至其蠲緩之例，較宋尤勤，大則普蠲全國，小則一路兩路，幾無歲不行，皆所以振諸窮紓民力之意。太宗十年旱蝗，免今年租稅，仍停舊未輸納者，俟豐歲議之。十一年詔亦如之，世祖中統四年以旱災減田租。至元四年蝗患免租。五、六年詔亦如之。十六年以水災免本年田租。二十七、二十八、二十九年諸州饑免田租。文宗至順二年，大饑免租稅，此元制也，明太祖洪武四年詔免田租，七年詔免夏租，又定兩稅法，即唐之夏稅秋稅法，當時定夏稅無過八月，秋稅無過明年二月，夏稅納米麥錢鈔絹，秋稅納米與錢鈔而不納麥。九年定折征法，其法令民得以銀鈔錢絹代輸，銀一兩錢千文鈔十貫皆折米一石，小麥則減十之二，絲絹等各以輕重爲損益，願入粟者聽，於是謂米麥爲本色，而折納稅糧者爲折色。至其蠲免之例，凡水旱處，不拘時限，從實踏勘災傷，稅糧卽予蠲免。其後蠲免全國，或一省或數省，或單免夏稅，或單免秋糧，或緩征逋欠，或蠲緩分數，遇有災傷，咸依例舉行。成祖永樂十二年免田租，十九年詔亦如之。宣宗宣德八年免夏稅秋糧。憲宗成化十九年令鳳陽等府被災秋田糧減免三分，世宗嘉靖七年免被災租稅，此明之制也。清每以蠲免爲市恩之具，王慶雲石渠餘記言：「本朝丁田賦役素輕，二百餘年以來，未嘗增及銖黍；而詔書停放，動至數千百萬。斂從其薄，施從其厚，所以上培國本，下郵民依；豈唐宋以來，所可同年而語？」蓋清以異族入主，其市恩之具，自當較歷朝爲尤顯。故順治首除三餉，並免都城被兵居民之賦役三年，嗣後除偏災賑蠲外，凡逋負之在民者，與民糧民食之貸而未收者，遇國家慶典，或巡幸，或軍興，輒止勿責。每庫藏稍充，卽務推所有以益下；於是又有普免錢糧，輪免糟糧之舉。聖祖以恭儉爲本，其蠲免較他帝爲尤多。如康熙二年普免順治十五年以前民欠，十九年以賦重免江南十二年以前民欠，二十四年免河南湖北直隸江南今年租及明年租之半；二十五年免直川貴湖廣閩明年額賦及今年未入者；三十一年免各省漕糧一年，三十七年免租稅，五十年以食用不給免各省地丁糧賦一年；五十二年免各省房地租稅一年，兼除逋欠。乾隆以下茲姑從略。

綜觀上述，可知歷代帝王臨宇，實以蠲免為市恩之具，此雖為君主籠絡人民之政策，然洵惠及民農不淺也。

第三項　輸粟納官

考吾國古代鬻爵之制，始于秦漢，始皇四年戊午秋七月蝗疫，令百姓納粟一千石，拜爵一級，此吾國輸粟納官之始。後世多因襲之。漢孝文時，鼂錯建言令募天下入粟縣官，得以拜爵除罪；又言入粟郡縣足支一歲以上時，赦勿收民租，如此，則德澤加於萬民，民若遭水旱，民不困乏，其後上郡以水旱復修賣爵令。（漢書食貨志：文帝從鼂錯之言，令人入粟輸邊，六百石爵上造，四千石為五大夫，萬二千石為大庶長）然前此不過予以虛爵，至是始實授矣。武帝卽位未幾，大事征伐，復廣興工役，并設武功爵，史稱：大司農陳臧錢經用賦稅既竭，不足以奉戰士，有司請令民得買爵及贖禁錮免臧罪，請置賞官，名曰武功爵，級十七萬，凡直三十餘萬金。成帝永始二年，以歲不登，詔吏民收食貧民入穀助賑贍者，賜直賜爵。後漢安帝永初三年，京師大饑，以鴻池假貧民，令吏人入錢穀，得為關內侯，羽林郎以下有差。靈帝開西邸賣官，二千石二千萬，四百石四百萬，於西園立庫以貯之又私令左右賣公卿，公千萬，卿五百萬。後魏明帝孝昌二年初承喪亂之後，倉廩空虛，遂班入粟之制；輸粟八千石賞散侯，六千石散伯，四千石散子，三千石散男。職人輸七百石賞一大階，授以實官；白人輸五百石聽依第出身，千石加一大階；諸沙門有輸粟四千石入京倉者，授本州統，各有差。唐肅宗時下令賣官鬻爵度凡僧道士。（舊唐書）至德二年御史鄭叔清奏請敕納錢百千與明經出身，不識文字者加三十千。明邱濬曰：「夫詔科取士雖非古典，而士大夫由是以進身，是即古論秀之法，必須論定而後官之者也。今不論其所業而論其所輸，名曰明經而實則輸錢。彼粗知文墨者猶之可也，而不識文字者亦與焉，其取無藝一至于此哉！（大學衍義補卷三十二）憲宗元和十二年定州饑，募人入粟授官。宋太宗淳化五年詔能出粟貸饑民者賜爵。眞宗大中祥符九年，民有出粟振饑者賜爵。孝宗乾道七年八月，湖南江西旱，立賞格以勸積粟之家，無官人一千五百石補進義校尉，（願補不理選將仕郎者聽）二千石補進武校尉，（進士與免文解一次）四千石補承信郎，（進士補上州文學）五千石補承節郎，（進士補迪功郎）文臣一千石減二年磨勘，（選人轉一官）二千石減三年磨勘，（選人循一資）各與占射差遣一次，二千石轉一官，（選人循兩資）各與占射差遣一次，武臣一千石減二年磨勘，（選人轉一資）二千石減三年磨勘，（選人循一資各與占射差遣一次）三千石轉一官，（選人循兩資各與占射差遣一次）五千石以上，（文武臣並取旨優與推恩）勸會旱傷州縣勸誘積粟之家賑濟係尙風誼，卽與進納事體不同，三省同奉聖旨依擬定令帥臣監同將勸誘到米斛依數著實置歷拘收委官賑濟務令實惠及民，仍開具出米人姓名幷米數保明申取朝廷指揮依人米立定賞格推恩出給付身，其賑糶之家，依此減放推賞，如有不實，官吏重作施行。董煟曰：「名器固不可濫，然饑荒之年，假此以活百姓之命，權以濟事，又何患焉！……民間納米而卽得官，誰不樂爲之，緣入米之後，所費倍多，未能遽得，故多疑畏，今上下若能懲革此弊，先給空名告身付之，則救荒不患無米矣。」（救荒活民書）

金熙宗皇統三年三月，陝西旱饑，詔許富民入粟補官。章宗明昌二年，制，災傷報不以實者，主司戶長論罪有差，闕食等處許納粟補官。宣宗貞祐二年，京師官民有能贍給貧人者，宜計所贍遷官陞職，以勸奬之。元泰定帝泰定二年令入粟以補官。明宗天曆二年以諸路饑，賑給糧鈔，幷弛山澤之禁，行入粟補官之令。明初似無鬻官之舉，邱濬曰：「我祖宗以來最重名器，內外官年未七十致仕者，不與冠帶，犯贓私者除名爲民。當是之時，民以官爵爲貴，冠帶爲榮，其所以榮貴之者，以有錢不能買故也。」（大學衍義補卷三十二）迨至代宗景泰五年浙江按察司副使羅箎奏勸民出粟賑濟，箎因杭州荒歉乞准照江西例勸民出穀一千六百石以上者給冠帶，千石以上者旌異之，百石者免役；已冠帶者八品以上三百石從七品以上至正六品，六百石俱陞一級，不支俸，等事。奏下，戶部請如其言從之。不特此也，即學校士子亦將濫及之，邱濬曰：「近世又有建請納粟輸馬，以補國子生者，濫及學校士子，作俑者名教罪人也，前事之失，後之人當以爲戒，幸毋蹈其失，以貽天下後世之譏云。」（大學衍義補卷三十二）清順治十年，詔凡勸輸本年擬准士民捐助賑米五十石或銀一百兩者，地方官給匾旌獎，捐米一百石或銀二百兩者，給九品頂帶，捐多者遞加職銜；十一年詔凡勸輸本年題准見任官員，幷鄉紳捐銀一千兩，米一千石以上者，加一級，銀五百兩，米五百石以上者，紀錄二次，銀一百兩，米一百石以上者，紀錄一次，生員捐米三百石准貢，俊秀捐米二百石，准入監讀書。以後歷代水旱用兵或財費不足，皆假是以資助之名，爲捐賑，實則濫爵，病民之尤，此一端也。

以上所舉係歷代輸粟納官之大概情形也。至其得失如何，前人已有論評。善乎明邱濬氏之言曰：「……且國家無甚警急，雖少有虧欠，然猶未至于甚不得已也。乃因有所營造興舉，財未匱而逆計之，荒未至而豫備之，而為此一切不得已之策。然行之既非其義，而守之又不以信；方其賣之之時，惟恐民之不售也而強與之，既與之後，而又多方折辱之，百計科率之，遂使民之視冠帶也為桎梏然；寧出粟也而不肯受官。噫！此等之事，非至于甚不得已不可行也！」（大學衍義補卷三十二）清楊景仁氏亦曰：「西漢遇歲不登，入穀助賑者賜爵有差。宋代出米賑濟者，屢有補官之令，授官以勸賑尚矣。夫饑饉之時，獎好義以活窮黎，如給匾免役，進而冠帶章身，已示優異，乃竟畀以進用之階，得毋濫乎！維名與器，不可以假人。且安民先察吏，察吏先清仕途。而以入粟登進，竊恐流品混淆，設有籧篨不飭者廁其間，始散財以得官，終聚財以剝民，利一而害十也。」（籌濟編）輸粟納官之弊害由此可覘之矣。

第四項　借貸資種食料

農民遇年歉失所，貧困至極之時，嗷嗷待哺，朝不保夕，則其救濟之法，以保命為先，適用豢養棲留之制。若在生機未絕，徒以空乏不能發展，式在災害流離，已有急賑之後，政府爲發展其生計，及謀其永久生活，則以假貸錢種助其生產，方能解決貧農現在及未來苦厄。爰次錄歷朝貸借之政令如左：

周制地官保息之政，四曰恤貧。註、貧民無財業者稟貸之。荒政十二，一曰散利。註、散利貸種食也。疏云豐時斂之，凶時散之。其民無者從公貸之。旅師掌聚野之耡粟屋粟間粟，（耡稅粟，屋粟，有唐不耕之罰，間粟，閒民無職所出之征。）而用之以質劑（書券）致民，平頒其興積，施其惠，散其利，而均其政令。凡用粟，春頒之而秋斂之。註、質劑致民，按入稅者名，會而貸之也。平頒，謂不得偏頗多少也。以賙衣食曰惠，以作事業曰利。均政令者，皆以國服爲之息也。頒斂者，困時施之，饒則收之也。管子曰：「民之無本者貸之圃彊。」又曰：「無本者予之陳，困種者予之新。」孟子曰：「春省耕而補不足，秋省斂而助不及。」即我國借貸制度之所由昉也。漢文帝詔曰：「農，天下之本也。民貸種食未入，入未備者，皆赦之。」昭帝始元元年春，遣使者賑貸貧民無種食者。秋，又詔往年災害多，今年蠶麥傷，所賑貸種食，勿收責。宣帝本始四年詔丞相以下入穀助貸貧民，地節三年詔假流民公田貸種食。王莽制，凡民欲祭祀喪祀而無用者，錢府以所入工商之貢，但賒之，毋過旬日，喪紀毋過三月。民或乏絕，欲貸以治產業者，均受之，除其費，計所得受息，毋過歲什一。後漢和帝詔貧民有田業，而以困乏不能自農者，貸種糧。南北朝時，南宋文帝元嘉中，三吳水潦，穀貴人飢，即以貸給，使強壯轉運以贍老弱。魏太子課民稼穡，使無牛者借人之牛以耕種，而代為耘田以償之。魏孝文帝遣使巡行天下遭水之處，丐民租賦，貧儉不能自存者，賜以粟帛。憲宗元和中，制京畿舊穀已盡，粟麥未登，宜以常平義倉二十四萬石貸借百姓。諸道州府有乏糧處，依例借貸。唐太宗貞觀二十二年以諸州水旱貸種食，元宗開元中以水旱貸糧，德宗貞元中詔水旱諸州委長吏貸種。五代時，後唐長興三年詔州府遭水潦處支借麥種，後晉出帝天福八年捕蝗括借民粟。宋太宗至道二年，詔官倉發粟數十萬石，貸京畿及內郡民為種。眞宗以江淮兩浙稍旱，即水田不登，遣使就福建取占城稻三萬斛，分給三路為種，擇田高仰者蒔之，蓋旱稻也。內出種法，命轉運使揭榜示民。英宗治平中，河北民流入京師，詔以糶便司陳粟貸民，戶二石。又劉渙知澶州，用河北地震，民乏粟，多賤買耕牛，渙令發公錢買之。明年民無耕牛，價增十倍，渙出所市牛，以元值與民，民賴不失業。公帑無虧。趙汴知越州行救荒法，凡民取息錢者，告富人縱予之，以待熟，官爲責其償。神宗元豐元年，詔濱棣滄州民第四等以下，立保貸請常平糧有差，仍免出息。又詔富民應貸米穀，只還本，取利不過五分。查道知虢州，因民困極，急取州麥四千斛，貸民爲種，民由是而蘇。曾鞏知越州，值歲飢，出粟五萬石，貸民爲種糧，使隨歲賦入官，農事賴以不乏。又宋帝因豪民償息過重，貧民不堪，乃令官司預給借民帛錢，俾及時輸送，優予其直，或蠶事不登，則許以大小麥折納，免其倉耗及頭子錢，以資賙濟。神宗置市易務，令民願折博入官物者聽，以抵當物力多少，許令均分，賒請相度，立一限或兩限，送納錢償。賒者，每半年息一分，一年則出息二分以上，但不得抑勒，或過取利息。又立市易賒錢法，令民以田宅或金錢爲抵當，無抵當者，三人相保，皆出息十分之二，過期不輸，則息外每月更罰錢百分之二。又有青苗法，凡民於東作時乏用者，官貸之，秋後征還，年取息三分，以便民緩急之需。遼道宗時，東京沿邊諸郡各有和糴倉，依祖宗法，出除易新，許民自願假貸，收息二分。元世祖時以水旱貸糧，順帝時，江州飢，總管王大中貸富人粟以賑貧民，而免富人雜徭以爲息，約豐年還之。明那宥知蘇州，值歲飢，宥賙貸甚勤，活貧民四十萬口，而公帑不虛，富室不擾。林希元奏定處置缺乏牛種貧農法云，令地方官逐都逐圖，差人查勘，除有牛無種，有種無牛，聽其自爲計外，無牛人戶，令有牛一頭者，帶耕二家。用牛則與之俱食，失牛則與之均賠。無種人戶，令富人戶一人借與十人或二十人。每人所借雜種三斗或二斗。耕種之時，令債主監其下種，不許因而食用。收成之時，許借主就田扣取，不許因而拖負，亦加其息。官爲主契付債主收執。清朝救荒則例，原有貸粟之法。凡歉收之後，方春民之籽種，貧不能耕，或早禾初插，夏遇水旱，及既雨既霽，民貧不能耕種。速命府州縣開常平倉或社倉，出穀貸之。俾耕種有資，以待秋熟。其兵丁之貧乏者，亦貸焉。及秋視其收成之豐歉，收成在八分以上者，加息征還。七分者免息征還。六分者，本年征還其半，來年再征其半。五分以下者，均緩征。以待來秋之熟。若上年被災稍重，初得豐收，其還倉也，亦准免息。直省有向不加息者，各從其土俗之宜。特旨本息均免者，率視督撫奏請，即予豁除。按清代借貸之例甚夥，有平糶而兼出借者，有以隔府之米借給者，有以存倉米出借，並許動支截留漕米者，有撥解庫銀供給者，有酌量豐歉分別借穀免耗加耗者，有災年免息，餘按收成分數酌量收免者，有按收成分數，折量分年征還加免者，有借給籽種口糧，并牛草費之例。有借貸永不加息之例。有概不征還之例。有本色折色兼借之例。不勝枚舉。均載會典及戶部則例中。其借貸之廣，救濟之勤，可以想見。茲更舉一實施之例以證之，高斌總督直隸，借給貧民牛具籽種法曰令州縣查明貧戶，畜有牛具者，按畝五升借給。如欲自買麥種，每畝借銀一錢。缺乏牛力者，諭令僱用，每畝借僱價銀二十五文。幷令牛力有餘之家，將外出貧民所遺麥地，代為耕種。視本人回籍月日遲早，酌量分予子利。其因旱乏草，有牛不能牧養者，令各員查賑之便，驗明屬實，登注毛齒，於八九兩月，每月借銀五錢，以資飼養。本人耕種之餘，仍可出雇。所借牧費僱價，俱於來年春秋兩季分限還官。其立法之周詳，實亘古所未有也。

第五項　捕蝗

漫漫蔽天而來，樹木沒葉，萬頃千稼，連州幷邑者，其所謂蝗災耶？蓋自古有之。詩云：「螽斯羽詵詵兮，宜爾子孫振振兮。」又云：「去其螟螣，及其蟊賊，無害我田稺，田祖有神，秉畀炎火。」螽斯為蝗蟲之總稱，螣乃其屬名也。蓋蝗蟲之見於古籍者以此為最早。傳曰：「宣公十五年冬蝝生。」蝝指未生翅之蝗而言，與蝮蜪蝻子同物異名，初無毫釐之區別也。

蝗之種類甚多，據調查所得我國有八十餘種，最普通者有二屬，一曰土蝗屬 Melanoplus，一曰飛蝗屬 Locusta，前者因生產不繁無飛翔力，缺遷徙之性，故爲害不大，且限於地域，從無成災之事，後者則不然，生殖旣繁，食性亦大，復有遷徙之性，故其爲害甚巨，兩者相較，前者如爲數不多時，固無撲滅之必要，但後者爲數較少，防治則不可稍緩，故必先從事分別，始克權其輕重，定撲滅之先後也。

考我國古代蝗患，最盛于夏秋，故爲害最廣。明徐光啓云：「蝗災之時，謹案春秋至于勝國，其蝗災書月者一百一十有一，書二月者二，書三月者三，書四月者十九，書五月者二十，書六月者三十一，書七月者二十，書八月者十二，書九月者一，書十二月者三，是最盛于夏秋之間，與百穀長養成熟之時，正相値也，故爲害最廣，小民遇此，乏絕最甚。若二三月蝗者，按宋史言二月開封府等百三十州蝗蝻復生，多去歲蟄者，漢書安帝永和四年五年，比歲書夏蝗，而六年三月書去歲蝗處復蝗，子生曰蝗蝻，蝗子則是去歲之種，蝗非蟄蝗也。聞之老農言，蝗初生如粟米，數日旋大如蠅，能跳躍羣行，是名爲蝻，又數日卽羣飛，是名爲蝗，所止之處，喙不停嚙，故易林名爲飢蟲也。又數日孕子于地矣，地下之子，十八日復爲蝻，蝻復爲蝗，如是傳生，害之所以廣也。秋月下子者，則依附草木，枵然枯朽，非能蟄藏過冬也。然秋月下子者，十有八九，而災于冬春者，百止一二，則三冬之候，雨雪所摧，隕滅者多矣。其自四月以後而書災者，皆本歲之初蝗，非遺種也。」（農政全書卷四十四）觀此詳蝗所自生，與其所自滅，可得殄絕之法矣。至于飛蝗食禾稼，不僅葉與穗，且及其根也。昔明宣宗捕蝗示尚書郭敦詩有「方秋禾黍成，芃芃各生遂；所忻歲將登，淹忽蝗已至，害苗及根節，而況葉與穗？」等句，是亦可證蝗固不擇何部而食，害亦大矣。

又考古代治蝗之法，載籍所記頗多，其最著者，則唐之姚崇，最嚴者，則宋之淳熙勑也。崇傳曰，開元三年，山東大蝗，民祭且拜，坐視食苗，不敢捕。崇奏：詩云秉彼蟊賊，付畀炎火。漢光武詔曰：勉順時政，勸督農桑，去彼螟蜮，以及蟊賊，此除蝗證也。且蝗畏人易驅；又田皆有主，使自救其地，必不憚勤。請夜設火，坎其旁，且焚且瘞，乃可盡。古有討除不勝者，特人不用命耳。乃出御史為捕蝗使，分道殺蝗。汴州刺史倪若水上言：除天災者當以德，昔劉聰除蝗不克而害愈甚。拒御史不應命。崇移書謂之曰：聰僞主，德不勝妖，今妖不勝德，古者良守，蝗避其境，謂修德可免，彼將無德致然乎？今坐視食苗，忍而不救，因以無刺史，其謂何？若水懼，乃縱捕得蝗四十萬石。時議者諠譁，帝疑，復以問崇，崇對曰，庸儒泥文，不知變事固有違經而合道，反道而適權者。昔魏世山東蝗，小忍不除，至人相食，後秦有蝗，草木皆盡，牛馬至相噉毛，今飛蝗所在充滿，加復蕃息，且河南河北，家無宿藏，一不穫則流離安危繫之，且討蝗縱不能盡，不愈於養以遺患乎？帝然之。宋淳熙敕諸蟲蝗初生，若飛落地主鄰人隱蔽不言，耆保不卽時申舉撲除者，各杖一百，許人告報，當職官承報不受理，及受理而不卽親臨撲除，或撲除未盡，而妄申盡淨者，各加二等。諸官司荒田牧地，經飛蝗住落處，令佐應差募人，取掘蟲子，而取不盡，因致次年生發者，杖一百。諸蝗蟲生發飛落及遺子而撲掘不盡，致再生發者，地主耆保各杖一百。又因穿掘打撲損苗種者，除其稅，仍計價官給地主錢數，毋過一頃。俞汝爲曰：「夫宋朝捕蝗之法甚嚴，然蝗蟲初生，最易捕打，往往村落之民，惑于祭拜，不敢打撲，以故遺患，未知姚崇倪若水盧愼之辨論也。」宋制雖嚴，其如人民惑于迷信何？元仁宗皇慶二年復申秋耕之令，蓋秋耕之利，掩陽氣于地中，蝗蝻遺種，翻覆壞盡，次年所種，必盛于常禾也。元史食貨志云每年十月，令州縣正官一員，巡視境內，有蟲蝗遺子之地，多方設法除之。王禎備荒法曰：「備蟲荒之法，惟捕之乃不爲之災，然蝗之所至，凡草木葉靡有遺者，獨不食芋桑與水中菱芡，宜廣種此，其餘則果食之脯米豆之麵，棲于山者，有粉葛（取葛根肉爲粉）蕨萁（取蕨根搗碎以水淘汰停粉爲萁）蒟蒻橡栗之利，瀕于水者，有魚鱉蝦蟹，皆可救飢也。」又元明間所行備蝗雜法有三：一、飛蝗見樹木成行，多翔而不下，見旌旗森列，亦翔而不下，農家多用長竿，挂衣裙之紅白色光彩映日者，羣逐之，亦不下也。又畏金聲砲聲，聞之遠舉，總不如用鳥銃入鉄砂，或稻米，擊其前，前行驚奮，後者隨之去矣。二、除蝗方用稈草灰石灰灰等，分爲細末，篩羅禾穀之上，蝗即不食；三、傅子曰：陸田命懸于天，人力雖修，苟水旱不時，一年之功棄矣。水田之制由人力，人力苟修，則地利可盡也。且蟲災之害，又少于陸，水田既熟，其利兼倍，與陸田不侔矣。此外復有二法：一曰以粟易蝗，晉天福七年，命百姓捕蝗一斗，以粟一斗償之，此類是也。一曰食蝗，唐貞元元年夏蝗，民蒸蝗曝颺，去翅足而食之。至于唐太宗吞蝗，以爲代民受患，傳述千古矣。

第四節　墾荒政策

第一項　墾荒之重要

凡為生物無不自圖保存，自圖保存之力最偉大而可畏，人雖稱為萬物之靈，然自圖保存之性，與他種生物無異，為生存而競爭，莫不出其全力；故人類之悲劇往往起于自圖保存之本能。考之我國歷史，戰亂若週期的：大亂之後，必得數十年之小康，小康數十年後，必復起大亂。豈我民族好為亂哉？恐亦生活迫之使然也。蓋太平之時，生息易繁，依馬爾塞斯 Malthus 所言，人口之增加，依幾何級數，以日本人口增加之比例而論，每年增加百分之一，每經七十年人口之數卽倍於其現在之數。我國人口之生產力，雖無統計可考；然增加率之不小於日本可以斷言。假定人口之增加率，每年亦百分之一，則現在四萬萬之人口，七十年後，苟無大亂，大荒，大變以減少人口，卽可加至八萬萬，一百四十年後加至十六萬萬，卽相當於現在之世界人口，人口增加苟不行開拓殖民之地，則土地養人之力有限，養人之物必漸不足而日益高貴；苟不設法使有得職業之方，必致生活日難，貧人日多，游民日增。一方面為政者久享太平之後，習於偷安，日就腐敗；對于民困，不知設法救濟，不知為民開利源，興產業，使民有求食之地，但知收括民財，催收課稅。於是民之困窮日甚一日，而天下遂於焉搖動矣。

救濟之法，捨墾闢荒地外，其道莫由。蓋我國本部雖嫌人滿，然合全國面積計之，每方哩不過百人。余嘗計之，若我國之荒地盡闢，耕地面積不難增加一倍，（其詳當另文論之）由此可見墾荒爲刻不容緩之要圖也。茲先述古時之墾荒政策如左：

第二項　歷代墾荒政策

書曰：「棄。黎民阻饑，汝后稷，播時百穀。」禹曰：「洪水滔天，浩浩懷山襄陵，下民昏墊。予乘四載，隨山刊木。暨益奏庶鮮食。予決九川，距四海，濬畎澮，距川。暨稷播奏庶艱食鮮食。懋遷有無化居。烝民乃粒，萬邦作乂。」（書經）此爲政府墾荒之初見于書者。

周禮三農列太宰九職之首，而稼穡樹藝，教于大司徒。其屬遂人，以興耡利甿，以時器勸甿。遂大夫，修稼政。縣正趨稼事，鄰長里長趨其耕耨。其受田不耕者，載師閭師分別處罰。（周禮）管子曰：「治國之道，先富民。民富易治也，貧民則難治也。夫富國多粟生于農，事利者，利農事也。除害者，禁害農者也。」（管子）「決水潦，通溝瀆，修障防，安水藏，使時水雖過度，無害于五穀。歲雖凶旱，有所秎穫，司空之事也。相高下，視肥磽，觀地宜，明詔期，前後農夫以時均修焉。使五穀桑麻，各安其處，由田（掌農田官名）之事也。」（管子）「彼野悉辟而民無積者，國地小而食地淺也；田半墾而民有餘食而粟米多者，國地大而食地博也。」（管子）漢文帝後元年詔曰：「夫度田非益寡，而計民未加益，以口量地，其於古猶有餘，而食之甚不足者，其咎安在。毋乃百姓之從事於末以害農者蕃，爲酒醪以靡穀者多，六畜之食焉者衆與。其與丞相列侯吏二千石博士議之，有可以佐百姓者，率意遠思，無有所隱。」（漢書）景帝後三年，詔曰：「農天下之本也。黃金珠玉，飢不可食，寒不可衣，以爲幣用，不識其終始。間歲或不登，意爲末者衆，農民寡也。其令郡國務農桑，益種樹，可得衣食物。吏發民若取庸采黃金珠玉者，坐贓爲盜。二千石聽者，與同罪。」（漢書）明帝令肥田未墾者，悉以賦貧民，給與種糧。（文獻通考）和帝詔兗豫徐冀四州比年水多傷稼，禁酤酒。夏遣三府椽分行四州，貧民無以耕者，爲僱犂牛直。（後漢書）任延爲九眞太守，俗以射獵爲業，不知牛耕，民常告糴交阯，每致困乏。延乃令鑄作田器，教之墾闢，田疇歲歲開發，百姓充裕。（後漢書）三國時，魏鄭渾遷陽平沛郡二太守，郡界下濕，患水澇，百姓飢乏。渾于蕭相二縣界興陂遏，開稻田，爲經久漁稻之利，民大賴之。（魏志）晉溉田官徐邈，刺東州，因河內少雨，常苦穀乏。邈修武威酒泉鹽池，廣開水田，募貧民佃之。家家豐足。（晉書）北魏恭宗令有司課畿內之民，使無牛家以人牛力，相貿墾植鋤耨。其有牛家與無牛家一人種田二十二畝，償以私鋤功七畝。如是爲差。至與小老無牛家種田七畝。小老者償其鋤功二畝。皆以五口下貧家爲率。各家別口數所勸種頃畝，明立簿目。所種者於地首標列姓名，以辨播殖之功。（魏書）唐德宗貞元二年，以關輔百姓貧田多荒蕪，詔諸道上耕牛，委京兆府勸課，量地給耕牛。家田不滿五十畝者，兩家共給一牛。（唐書）僖宗光啓三年，張全義爲河南尹，因東都荐經飢饉，饑民不滿百戶。全義選麾下十八人材器可任者，給一旗一榜，謂之屯將，使詣十八縣故墟落中，植旗張榜，招懷流散，勸之樹藝。蠲其租稅，惟殺人者死，餘但笞杖而已。由是民歸如市。數年之後，都城坊曲，漸復舊制。諸縣戶口皆歸復。桑麻蔚然，野無曠土。勞勤罰惰，遂成富庶。（通鑑綱目）宋太宗太平興國中，詔兩京諸路，許民共推練土地之宜，明樹藝之法者一人，縣補爲農師，令相田畝肥瘠，及五種所宜。某家爲某種，某戶有丁男，某人有耕牛，卽同鄉三老里胥召集餘夫，分畫疆土，勸令種蒔。候歲熟，共取其利。爲農師者，蠲稅免役。民有飲博，怠於農務者，農師謹察之，白州縣論罪，以儆游惰。所墾田，卽爲永業。（宋史）元世祖詔頒農桑雜令，每村以五十家立一社，擇年高曉事者爲長。增至百家，別設長一人，不及五十家者，與別村合社。地遠不能合者，聽自立社。專掌教督農民。凡種田者，立牌橛于田側，書某社某人於上。社長以時點視勸戒不率教者，藉其姓名，以授提點官行罰。仍大書所犯於門，俟改過除之。不改，則罰其代充本社夫役。社中有喪病不能耕種者，合衆力助之。浚河渠以防旱暵。地高者造水車，貧不能造者，官給材木；田無水者，穿井，井深不得水，聽種區田。（康濟錄）順帝詔曾經水旱盜賊之處，貧民不能自備牛種者，所在有司給之。仍令總兵官禁止屯駐軍馬踐踏田畝，以致農事廢弛。（元史）明初承元末大亂之後，山東河南多是無人之地，洪武中詔有能開墾者，卽爲己業，永不起科。（日知錄）又諭工部陂塘湖堰，可蓄洩以備旱潦者，皆因地勢修治之。分遣國子生，徧詣天下，督修水利。（續通考）洪武三十五年九月甲午，上謂刑部都察院臣，自今凡人命十惡死罪，強盜傷人者，依律處決；其餘死罪及流罪，令挈家付北平種田，流罪三年，死罪五年，後錄爲良民。其徒罪令煎鹽，杖罪輪役如故，自願納米贖罪者聽。仍選徒罪以下能黜官假以職名，俾督民耕種，三年有成績實授，無成績仍坐原罪。乙巳命武康伯徐理等往北平度地以處民之以罪徙者。十月丁丑詔罪人應發屯戍者，皆從六科給事中及行人司編次隊伍，然後遣行，以防奸弊。成祖永樂元年六月庚戌，戶部致仕尚書王純奏，種田囚人若照籍貫分定地方，則有多寡不同，難于編甲。今宜不分籍貫于保定真州順天等府挨種安置，先近後遠，庶凡聚落易成屯種，有效從之。（實錄）英宗正統中，流民聚居，詔令占籍。景宗景泰六年六月丙申，戶部尚書張鳳等奏山東河南北直隸并順天府無額田地，甲方開墾耕種，乙即告其不納稅糧，若不起科，爭競之塗終難杜塞。今後但告爭者，宜依本部所奏，減輕起科，則例每畝科米三升三合，每糧一石科草二束。不惟永絕爭競之端，抑且少助倉廩之積。從之。（實錄）呂昭爲浦城縣丞，浦多荒地，民貧不能耕。昭減俸給種，使民雜治之，期年田野盡闢。（建寧志）又明屯田之制，分三種，有兵屯，凡全國兵衛七分屯田，三分扼守，以輕人民負担；二曰商屯，即人米於邊，中鹽于岸，輔屯足邊之開中法。有民屯，凡移民就寬鄉，或召募，或罪徙之民，皆使屯田，置屯田正副使以董其事，各屯所，則又計人數置長佐以領之。初屯之時，官給犁牛農具，既屯之後，輕租減賦，以安其業。蓋一方免曠土，多生產，一方業游民，救貧困也。（續通考）清聖祖康熙十年，議准民間農桑，令督撫嚴飭有司，加意督課。世宗二年，諭曰，國家休養生息，數十年來，戶口日繁，而土田止有此數。非率天下農民，竭力耕耘，兼收倍穫，欲家室盈寧，必不可得。自督撫以下，其各督率所司，悉心相勸。並不時咨訪疾苦，有絲毫妨于農業者，必爲除去。仍于每鄉中，擇一二老農之勤勞作苦者，優其獎賞，以示鼓勵。令州縣有司，歲舉老農之勤勞儉樸，身未過犯者一人，榮以八品頂戴。乾隆二年詔養民之道，必使興利，防水旱無虞，方能蓄藏充裕，緩急有資。是以川澤陂塘溝渠岸，凡有關于民生，皆宜悉心講究。應行修舉者，卽行修舉。如工程重大，應用帑項，卽行奏聞，妥協辦理。（皇通考）此爲清代墾荒政策之大概也。至若世祖諭山東無主荒地，每五里設一官莊，移他處貧民往墾，借給資本，三年分還。康熙諭招徠陝西等處流民復業，每戶給牛一頭，給發犂具銀五兩，穀種銀三兩。僱覓人工銀二兩。乾隆十年，因直隸慶雲縣被災之後，耕牛較少，給庫銀委官到張家口採買牛隻，送交慶雲縣，給無力貧民，田多者每戶給一牛，田少者兩三戶共給一牛。則又清代實行扶助貧民生計之策略也。

猶尤有進者，我國歷代均以墾荒爲農政之一種，前清亦然。爾地方官吏，僅事粉飾，不知力行，妄報加賦，反累農民，積弊所及，大失墾荒之本旨。觀清乾隆之諭旨，可知其積弊之一斑：

各直省勸令開闢荒地，以廣耕作，以裨食用，俾無曠土遊民，原係良法美意。然必該督撫董率所屬官吏實力奉行，毫無粉飾，俾地方實有開墾之田，民間實受耕稼之利，以此造報升科，方與國計民生有所裨益；朕見各直省督撫題報開墾者，紛紛不一；至於河南一省，所報畝數尤多，而閩省繼之，經朕訪察，多有未實：或由督撫欲以廣墾見長，或地方有司欲以升科之多，迎合上司之意，而其實並未開墾，不過將外科錢糧飛灑於見在田畝之中，名爲開荒，而實則加賦，非徒無益於地方，而並貽害於百姓也。嗣後各督撫宜仰體皇考愛民至意，誠心辦理，凡造報開墾畝數，務必詳加查覈，實係墾荒，然後具奏，不得絲毫假飾，以致閭閻之擾累。若不痛洗積弊，仍蹈先轍，經朕訪聞，必從重處分，不稍姑貸。」乾隆帝詔諭此滿清墾荒時之積弊，已於此旨中披露無遺。至其他各代亦不免有上述諸弊，茲姑從略。

第三項　歷代墾田之概數

墾荒政策吾人既已明矣。茲再進而考察歷代墾田之概數，藉悉吾國古賢政績之一斑。

禹別九州，制田九等：雍州第一等，徐州第二等，青州第三等，豫州第四等，冀州第五等，兗州第六等，梁州第七等，荊州第八等，揚州第九等；九州之地，墾田九百一十萬八千頃。吾國墾田概數見於史者始於此。周行井田之制，鄭鍔曰：「經野則分其田野而井牧之，可耕之地則爲井田之制，可畜之地則爲牧養之區。」惟墾殖之數不可攷。漢平帝元始二年定墾田之數，地理志云：武帝開廣三邊訖於孝平，凡郡國一百三，緣邑千三百一十四，道三十二，侯國二百四十一，地東西九千三百二里，南北萬三千三百六十八里，提封田一萬萬四千五百一十三萬六千四百五頃，其一萬萬二百五十二萬八千八百八十九頃，邑居道路山川林澤羣不可墾，其三千二百二十九萬九百四十七頃可墾，定墾田八百二十七萬五百三十六頃，民戶千二百二十三萬三千六十二，口五千九百五十九萬四千九百七十八。後漢明帝永平汴渠成詔以濱下田賦與貧人；章帝元和三年詔諸郡肥田尚多未有墾闢，其悉以賦貧民；和帝元興元年墾田七百三十二萬一百七十頃；安帝永初元年二月以廣城游獵地及被災郡國公田假與貧民；安帝延光四年墾田六百九十四萬二千八百九十二頃；順帝建康元年墾田六百八十九萬六千二百七十一頃五十六畝一百九十四步。（按杜佑通典注據建康元年戶九百九十四萬六千九百九十，每戶合得七十畝有奇，）沖帝永嘉元年墾田六百九十五萬七千六百七十六頃；質帝本初元年墾田六百九十三萬一百二十頃。隋文帝開皇九年墾田千九百四十萬四千二百六十七頃；煬帝大業年天下墾田五千五百八十五萬四千四十頃。唐玄宗天寶年應受田一千四百三十萬頃有奇。宋太祖開寶末墾田二百九十五萬二千三百二十頃；太宗至道二年墾田三百一十二萬五千二百五十一頃；眞宗咸平年募民墾潁州地千五百頃，汝州地六百頃；眞宗景德四年丁謂著會計錄云：總得一百八十六萬餘頃；天禧五年墾田五百二十四萬七千五百八十四頃；仁宗皇祐年墾田二百二十八萬餘頃；英宗治平年計天下墾田約三千餘萬頃；神宗熙寧三年至九年府界及諸路凡一萬七百九十三處田三十六萬一千一百七十八頃有奇；神宗元豐年天下墾田總共四百六十一萬六千五百五十六頃內民田四百五十五萬三千一百六十三頃六十一畝，官田六萬三千三百九十三頃；比治平時所增者二十餘萬頃。考前代混一之時，漢元始，隋開皇，唐天寶時，其數比之宋朝或一倍或三倍或四倍有餘。高宗紹興五年立守令墾田，每州增墾田千頃，縣半之，寧宗慶元元年詔兩淮勸民墾闢荒田。元仁宗至大年河南省總計官民荒熟田一百一十八萬七百六十九頃，江西省官民荒熟田四十七萬四千六百九十三頃，江浙省官民荒熟田九十九萬五千八十一頃，泰定帝三年以山東湖廣官田賜民耕墾八三頃，仍給牛具。明太祖洪武二十年總數共田八百四十九萬六千五百二十三頃，二十六年各省田土總計八百五十萬七千六百二十三頃六十八畝零（浙江田土計五十一萬七千五十一頃五十一畝，江西田土計四十三萬一千一百八十六頃一畝，北平田土計五十八萬二千四百九十九頃五十一畝，湖廣田土計二百二十萬二千一百七十五頃七十五畝，福建田土計一十四萬六千二百五十九頃六十九畝，山東田土計七十二萬四千三十五頃六十二畝，山西田土計四十一萬八千六百四十二頃四十八畝零，河南田土計一百四十四萬九千四百六十九頃八十二畝零，陝西田土計三十一萬五千二百五十一頃七十五畝，四川田土計一十一萬二千三十二頃五十六畝，廣東田土計二十三萬七千三百四十頃五十六畝，廣西田土計一十萬二千二百三頃九十畝，雲南田土原無數目，應天府田土計七萬二千七百一頃二十五畝，蘇州府田土計九萬八千五百六頃七十一畝，松江府田土計五萬一千三百二十二頃九十畝，常州府田土計七萬九千七百三十一頃八十八畝，鎮江府田土計三萬八千四百五十二頃七十畝，廬州府田土計一萬六千二百二十三頃九十九畝，鳳陽府田土計四十一萬七千四百九十三頃九十畝，淮安府田土計一十九萬三千三百三十頃二十五畝，揚州府田土計四萬二千七百六十七頃三十四畝，徽州府田土計三萬五千三百四十九頃七十七畝零，寧國府田土計七萬七千五百一十六頃一十一畝，池州府田土計二萬二千八百四十四頃四十五畝，太平府田土計三萬六千二百一十一頃七十九畝，安慶府田土計二萬一千二十九頃三十七畝，廣德府田土計三萬四十七頃八十四畝，徐州田土計二萬八千三百四十一頃五十四畝，滁州田土計三千一百五十頃四十五畝，和州田土計四千二百五十二頃二十八畝。）孝宗弘治十五年各省田土之數，計六百二十二萬八千五十八頃八十一畝。滿清入關，亦頗注意開墾政策。一時大吏承君意旨以開墾爲功，所墾田畝之見於檔册者，計有順治十八年順天府所屬州縣報墾田一千三百三十九頃六十九畝；湖南所屬州縣報墾田二千八百九十頃七十二畝。康熙二年湖廣安陸、岳州、寶慶、永州、常德、辰州、靖州各府州報墾田八百零八頃六十畝有奇；蘄州、荊州、九谿、茶陵、荊存、銅鼓、伍開、鎮谿各衛所報墾田六百頃二十畝有奇，三年湖南寶、永、常、辰、郴、靖六府州報墾田六百三十四頃有奇；岳、長、衡、辰、常、靖六府州續墾田五百十八頃三十六畝，湖北安，荆等十府州墾田八百七頃四十五畝有奇；雲南省墾田二千四百五十九頃，又續墾一千二百餘頃。四年，湖南長沙，衡州等屬墾田三千一百三十三頃六十六畝，河南省墾田一萬九千三百六十一頃，貴州省墾田一萬二千九頃有奇；湖北各州府墾田四千七百三十九頃。五年，河南省報墾田六千六百八十餘頃。江西省報墾田二千八百三十五頃，又續報墾二千八百三十五頃四十五畝；湖廣省報墾四千六百餘頃，山東省報墾三千二百三十餘頃。六年，湖廣報墾三千一百九十頃五十畝。七年山東報墾一百二十二頃六十餘畝。九年廣東報墾復民田一萬七百一十五頃七十四畝，墾復屯田三十頃九十二畝。（又大清會典云：本朝幅員廣遠地利日興，順治十八年，總計田土合五百四十九萬三千五百七十六頃有奇；康熙二十四年總計田土六百七萬八千四百三十頃有奇；雍正二年總計田土六百八十三萬七千九百一十四頃有奇。）此爲吾國歷代墾田之概數也。

第四項　歷代屯田政策

夫屯田之說，三代無聞。自漢文帝募民耕塞下，而屯田之說創；武帝屯田車師渠黎，而屯田之名立；趙充國留屯金城，而屯田之利興。按字書「勒兵而守曰屯，以兵耕田曰屯田。」肇自漢晉，盛於唐宋，大都漢之屯田以兵，唐之屯田以民，（明潘游龍康濟譜卷二十五云：漢之屯田以兵，唐之營田以民，如張掖之屯，臨羌之屯，許下之屯，陳蔡之屯，其屯皆以兵也。如東晉用三吳之流人，墾江西之曠土，後魏籍州郡戶十之一以爲屯；唐李絳請營田於張武，王起營田於靈武，高侑以流民營田於義昌，其屯皆以民也。）宋則或兵或民，各隨時勢以制其宜。古今大勢，兵釁易開而難弭，軍餉廣籌而不足，兵士乏食，輒遭潰敗；惟屯田一法，可廣積可持久，國家省輓輸之費，軍伍免匱乏之虞，誠可謂法良意美者矣。漢之屯田以金城湟中爲最廣，唐之屯田以河朔爲最要，宋則江淮川楚之間，無不立營田，使以收其利。蓋無寇則耕，有寇則戰，是藉地利以紓民困者也，猶有三代寓兵於農之遺意焉。洎乎明代，立法愈詳，而置屯愈廣，太祖常言曰：「養兵而不病農者，其惟屯田乎！無如法久弊生，官佔膏腴，而軍耕磽瘠，其不病農者反以病兵矣。」由今觀之，殆有治法無治人耳。茲特論吾國歷代屯政之可取法者，以地爲經，分內地邊地申明之，以備留心屯墾者鑒焉。

（甲）內地　內地之有屯，起於南北分裂，因地勢形便爲之設守者也。漢季盜賊蠭起，農事衰微，曹孟德聽棗祗言，擢任峻爲典農中郎將，募民屯河南許州，得穀百萬斛，於是各州郡均置田官，倉廩儲穀皆滿，故操東征西伐，無待籌餉，卽能兼併羣雄，軍國之饒，得力於棗任二氏者居多。迨吳蜀魏鼎立，軍行計劃亦以此爲要策：鄧艾建議開田淮南以臨吳，武侯出師耕耨渭濱以困魏，晉羊祜鎮守襄陽與吳修好，減兵墾田八百餘頃，積聚十年卒成吞吳之計，此雖限於地域，而亦有國際地理之關係也。自唐以後，屯田之利不必起於戰時，平時亦爲之；不必限於戰區，軍府皆有之；唐開軍府以捍衛要，視隙地設營田屯總共有九百九十二，司農寺每屯三頃，州鎮諸軍每屯五十頃，故內地以屯軍爲經久之制者自唐始。宋世江淮兩浙雖有其名，然多給民輸租，實行屯制者少，及金人侵略河南，恐中原士民疑貳，特徙北部人民雜居內地，以立屯田軍，其屯所自燕南至淮隴之北俱有之，又以明安（百夫長）穆昆（千夫長）爲之統率。元亦仿用其策，每次征伐遇堅城險要，必設屯田以守；海內既一，於是內而各衞，外而行省，星分棋布，懸爲永制，統以萬戶之府，編以蕃漢之民，蓋軍屯民屯猶相間也。明初兵農兼務，邊地三分守城，七分屯種，內地二分守城，八分屯種，故兵徧天下，而國家無養兵之費。及其久也，田以典賣侵佔，衞所之制日弛，則別募民以鎮守，於是屯軍與營軍又分爲二屯軍惟有漕運之職，其無漕運者又有番上營造之役，軍政廢而屯戶亦病。至前清裁汰歸併湖廣江浙，惟有漕卒而已。河運既廢，漕卒亦免，此內地設屯之大略也。

（乙）邊地　北方沿長城以西至於秦隴，其外爲蒙古新疆青海，漢時匈奴西羌所往來也。自漢文用鼂錯言，從燕代上郡北地隴西要害之處，通川之道，立城邑，建屋宇，備田具，募民免罪拜爵復其家，俾實塞下，人自戰守，以禦匈奴，蓋恃有定之卒，制無定之寇，計甚善也。迨武帝通西域，闢地更廣，酒泉（甘肅肅州）亭障接於玉門（甘肅安西州燉煌縣西），而西田輪臺渠犂（俱在新疆喀喇沙爾廳境）置營田校尉領護，猶止於數百人耳。宣帝之世，而羌反叛，趙充國擊之湟中（甘肅西寧府）以羌難以兵平，易用計破，乃請罷兵留田，上便宜十二事，越後羌之降附者衆，充國率隊而旋，雖其議未全實行，然西北方面遏敵制勝之策自此啓矣。今更分而言之，新疆哈密古伊盧地，厥稱沃土，東漢時置宜禾都尉，其西柳中（吐魯番廳魯克沁地）置戊己校尉，更互屯墾，而哈密實當東道之衝，漢世伊吾屯田興廢，即係於西域之通絕，其重要如此。循此以東，安肅甘涼，漢武所開河西四郡（燉煌，酒泉，張掖，武威）者是也。孝昭初元發習戰射士屯田張掖，張掖亦西門鎖鑰也。跨河而南，洮水左右，羌戎是宅。自充國議以屯田制寇，下逮東漢，羌患爲亟，湟中之地，有上官鴻（開置歸義建威屯田二十七部）侯霸（復開置東西邯屯田）之徒，先後開墾夾河利屯矣。黃河自蘭州趨寧夏出爲河套，其南爲漢朔方西河上郡，是時羌亂蔓延，三郡殘破，虞詡建議以三郡沃野千里，激河浚渠爲屯耕，省內郡費歲以一億計，而寧夏又爲趙元昊所擁據，宋時用兵西陲，秦隴一路用蕃漢弓箭手置營田焉。河套以東爲大同歸化，唐之振武軍在焉；憲宗時振武告饑，以韓重華爲營田使，起代北墾田三百頃，出贓罪吏九百餘人，假以耕具糧種，使償所負粟，一歲大熟，因募人爲十五屯，屯百三十人，人耕百畝，就高爲堡，東起振武，至中受降城（唐張仁愿築三受降城，皆在河套北岸）凡六百餘里，墾田三千八百餘頃，歲收粟二十萬石，以省度支錢，會有阻之者，故猶未能極端推廣。又更迤東跨長城下，燕山遼宋之世，阻扼三關（瓦橋高陽益津在直隸霸州安州雄縣）宋常於河北引兵屯墾，疏治河淀，可以實邊廩而限戎馬，何承矩之所以奏功也。自其北宣府熱河，有明之萬全太寧衞屯田在焉（按明例外設九邊，內建兩京十三布政司，皆有衞所屯田）蓋袤邊萬里，歷代措置之成績如此。今則東起遼水，西止河套，凡內蒙一帶之地，以此放荒，齊晉之人趨焉，雖異於屯制，而立招墾局，設治局，募民實邊，改設縣治者多矣，此西北邊設屯之大略也。

第五項　清代殖邊政策

滿清以前，東三省之地雖間或入中國版圖；但往往以藩屬視之，不以行省視之。其間或有置州縣者，亦不過限於遼河流域一區；然盧龍碣石一帶，我國尚仍以邊塞視之。漢唐極盛時代，疆域亦不過遼河以北，漢之遼東眞蕃郡，唐之安東都護府，皆在今遼東一帶，不出遼寧省界。五代以降，則燕雲十六州且淪於異域，又何況遼河之地？明在遼東設治，歸山東省屬；更於邊地設衞，以羈縻各部。然而蒙古部落侵入遼河套；滿州部落崛起長白山，明卒不能有而退保山海關。故在清代以前，滿洲尚不能謂爲中國之地，吾國對於滿洲移民亦無一定政策，移民數目亦莫得而攷。

清入主中原，以盛京爲陪都，對於吉林一帶，視爲根本重地。康雍以來，清廷承其歷代之定策，嚴防滿漢種界，務求特立滿洲民族於漢族以外。因此清廷對於滿洲常取封禁主義，禁止漢人移入。

封禁主義之理由有二：（一）維持滿洲固有風俗；（二）保護滿洲旗人生計。但對於此原則，亦時設有例外。順治十年，盛京有所謂「遼東招民開墾例」，據盛京通志二十三卷，其招墾辦法如下：

順治十年定例，遼東招民開墾至百名者，文授知縣，武授守備。六十名以上，文授州同州判，武授千總。五十名以上，文授縣丞主簿，武授百總。招民數多者，每百名加一級。所招民，每名口給月糧一斗，每地一晌（三十畝）給種六升。每百名給牛二十隻……

至康熙七年，始停招民授官例。此種招墾政策，是否與封禁政策相矛盾？在愚觀之，以爲此移民政策對於封禁政策乃爲一時例外，洵非矛盾也。淸自入關以後，以滿洲爲根本重地，於山海關設吏稽查往來行旅；對於漢人出關，檢查尤嚴。惟滿洲係新興民族，對於開墾遼東一帶土地，有不得不借重於漢人者。故爲獎勵滿洲旗人生計起見，不得不設遼東招墾例，以招徠漢人。此爲一時權宜之計，亦非與封禁政策有所抵觸也。

移民之條件，必具（一）開墾土地，（二）建設城鎭二者。蓋必有城鎭，然後農業方有所憑籍，城市生活與田園生活，乃得以相輔發展。故必有城市，然後移民方能進行，盛京通志列舉清初增設之州縣達十二以上，可見移民與城市發達之關係。

盛京通志卷二十三，說明招墾之具體辦法：

……於時（康熙五年）州縣新設，戶無舊籍，丁鮮原額，俱係移民，三年起科。其徙民於康熙七年，歸併承德開原鐵嶺三縣爲民，卽於本年起科。其續發到省，仍三年起科。

招墾條例停止後，關外移民，一時大減。惟乾隆八年天津府河間府等地大旱，災民從山海關喜峯口等地流出者驟增，乾隆下諭開禁，准流民出口就食。自茲以後，時有嚴禁流民出口之令。但移民出關，由人口繁盛，生計困難之處，移至關外荒蕪未闢，生計較易之地，爲自然之趨勢。故清廷雖屢申禁令，而移民出關如故。據乾隆十一年上諭，奉天府尹霍備對於出關人數數萬人，漫不加查，實屬怠玩職務。……可見禁令雖嚴，而移民進行依然如舊。此外如乾隆九年山東河南天津等處罹災難民，求食關外，特下上諭，許變通辦理；又如乾隆五十七年，河北省被旱災民求食關東，盛京內蒙古各地；古北口，山海關，張家口各邊隘，亦奉諭變通辦理。

總之滿清以來，東三省雖實際歸入我國，但清廷以種見關係，以及保護滿洲旗人生計之必要，對於漢人移民，嚴加禁止。此滿洲之所以雖歸入中國；猶未能完全如內地各行省者也。

第五節　水利政策

第一項　中國氣候之變遷

水之源曰雨。故凡水利事業，無不以考察雨量爲先；考察雨量，測候之所事也。吾國水利歷史，揆諸史乘，略有可考：

吾國古時執政者，留心民事，其補救旱災，不出以迷信，而以科學方法者，則亦代有其人，所謂科學方法者何？即實測各州縣歷年之雨量，洞悉各種農產水量需要之多寡，然後因地擇相宜之農產而種植之，使季候不致失時，旱潦不致常見者是也。要而言之，則測量雨量實爲救濟水旱災荒之唯一入手方法也。若不然則不能知該地之適於何種農產，遑論其他。至調査雨量，吾國自漢以來卽有之，鄭樵通志云：

後漢自立春至立夏盡立秋，郡國上雨澤，若少，郡縣各掃除社稷，公卿官長以次行雩禮。

又顧炎武日知錄謂：

洪武中，令天下州長吏月奏雨澤。蓋古者龍見而雩，春秋三書，不雨之意也。承平日久，率視爲不急之務。永樂二十二年十月，（仁宗即位）通政司請以四方雨澤章奏類送給事中收貯。上曰：「祖宗所以令天下奏雨澤者，欲前知水旱以施恤民之政，此良法美意。今州縣雨澤，乃積於通政司，上之人何由知？又欲送給事中收貯，是欲上之人終不知也。如此徒勞州縣何爲？自今四方所奏雨澤至，即封進朕親閱也。

仁宗所謂「欲前知水旱以施恤民之政」，確爲扼要之書，所以防患於未然，意至善也。以視所謂「禁屠祈雨」，災象已成而始臨時抱佛脚者，其識見固不可同日而語矣。

蓋我國古時之測雨量，其爲法亦甚精密，其儀器製法，在我國雖已湮沒無聞，而在朝鮮之文獻中，猶可得其梗概。西游記（此書爲元明時人作）唐魏徵夢龍王語云：

明日辰時布雲，巳時發雷，午時下雨，共得水三尺三寸零四十八點。……

其語雖似神話，但至少可知元明時代吾國曾有以尺度量雨之觀念。而我國古代之曾有量雨器，則可以朝鮮之記錄證之。朝鮮之有量雨器，始於李朝世宗七年，即明仁宗洪熙元年，亦即成祖去世之翌年（西曆一四二五）。其製度具見朝鮮文獻備考中。計長一尺五寸，圓徑七寸。明成祖既極關心於雨量之測度，則當時朝鮮之測雨器，必傳自中國無疑。惜其器至今無存者，但已足以確定量雨器爲我國所發明。蓋歐美各國至十七世紀中葉始有是器也。

迨前清康熙時（朝鮮肅宗）復製有測雨器，分頒各郡，高一尺，廣八寸，并有雨標，以量雨之多少，每於雨後測之。均係黃銅所製。日人和田雄治在大邱仁川咸興等處，先後發見乾隆庚寅年（西曆一七七〇）所製之測雨臺，由此可知我國自洪武永樂以來，其測雨之制度儀器，已不無蛛絲馬跡之可尋。若在他國，將以先歐美各國而發明自豪，而在吾國人士則瞢然無所知，其父析薪，其子弗克負荷，可勝嘆歟！

前清欽天監雖有專官，但司占驗七政，於氣候實缺。民國後改爲中央觀象臺，隸屬於教育部，始注重測驗氣候，惜測驗氣候設站未能遍及行省。農工商部於民國二三年，曾設置觀測所於以下各地。

北平 濟南 太原 綏遠 西安 蘭州 寧夏 迪化 成都 襄陽 辰州 柳州

南雄 延平 清江浦 金華 豐城 建臨 貴陽 雲南 開封 興京 洮南 寧

古塔 虎林（吉林） 臨江（吉林） 湯原（黑龍江） 嫩江（黑龍江）

凡二十八所，惜以經常費無着，不旋踵而停辦，良可慨已。其所定觀測之例，錄之以備存考。

（一）觀測時定每日上午二時六時十時下午二時六時十時。（二）氣壓以公釐計。（三）氣溫以攝氏表記。（四）風之強弱以颶 H 烈 st. G. 疾 G 強 st. W. 薰 F. B. 柔 VLB 靜七時表之。（五）風之向分十六方位表之。（六）雲量從〇至一五之比例。（七）水蒸氣漲力以公釐計。（八）濕度以〇度爲最乾百度爲最濕。（九）降水量以公釐計。

地方自辦觀測所者，僅有南通軍山之氣象臺，其他私設雨量站非無有也，而無統系無定則，外人所設占候所以徐家匯天文臺爲最，海關所在例有雨量測所，徐家匯天文臺長孚爾克 L. Froc 集各處十一年中雨量報告（La Pluie en Chine 1900-10）編刊成書，而吾國各要埠雨量始略有記載。惟其中雨量站殆八十餘所，而足十一年無間斷者，僅二十九所，雨量之測必逾十年始可爲徵信。蓋旱潦之期常以十年爲輪迴也。茲由孚爾克報告書中採擇列表如左，表中之數俱以公釐計之。

	每年平均雨量	寒期	熱期	一年中雨量之最大者	一月中雨量之最大者	一日中雨量之最大者	最乾年之雨量
上海	一一六一·二	三九一·九	七六九·六	一四五九·四（一九〇六）	三四四·七（一九〇九、六月）	一三一·五（一九〇七、八月一日）	一〇〇八·六（一九〇〇）
香港	二〇三四·七	五四三·一	一四九一·六	二四七三·四（一九〇三）	六八四·五（一九〇二、五月）	二八二·八（一九〇四、八月廿五日）	一四一六·七（一九〇二）
青島	七一八·二	一七五·九	五四六·一	九一五·〇（一九〇九）	二九五·三（一九〇二、七月）	一三三·三（一九〇六、七月[illegible]日）	四四五·二（一九〇二）
牛莊	六三八·二	一三五·七	五〇三·五	九三六·〇（一九〇三）	六四八·六（一九〇三、八月）	一九一·五（一九〇三、八月廿二日）	四六七·七（一九〇六）
芝罘	五八七·八	一四三·七	四四五·一	九五五·七（一九〇三）	四二〇·五（一九〇四、七月）	一九六·九（一九〇三、八月十六日）	四二五·七（一九〇六）
瑯琊島	七二五·三	一五三·九	五一七·四	九八九·〇（一九〇四）	四八五·五（一九〇七、七月）	一六八·四（一九〇四、八月十七日）	三六〇·七（一九〇一）
佘山	九六九·四	三三二·四	六五七·〇	一三四七·九（一九〇七）	二四八·八（一九〇七、七月）	一三〇·七（一九〇〇、九月[illegible]日）	八二三·五（一九〇二）
大戢山	一〇六八·〇	四〇二·三	六七二·〇	一三六七·六（一九〇三）	二六五·二（一九〇九、六月）	一五二·四（一九〇九、九月十七日）	八五八·八（一九〇八）
花鳥山北島	一〇二〇·〇	三五五·一	六六四·九	一五六三·三（一九〇五）	三三六·〇（一九〇五、八月）	一〇〇·七（一九〇四、六月廿四日）	八一七·一（一九〇三）

小龜山	九一四·〇	三一九·六	五九四·四	一〇三二·三（一九〇一）	二八六·六（一九〇三七月）	二三〇·七（一九〇七六月廿四日）	六八一·七（一九〇四）
佘山天文台	九三三·三	三〇九·〇	六六三·三	一二五三·三（一九〇六）	二七八·四（一九〇五八月）	一〇七·九（一九〇七六月一日）	八〇三·一（一九〇三）
鎮山	一二一八·六	三〇〇·一	八一八·五	一三九四·二（一九〇六）	四六六·二（一九〇一七月）	二三四·八（一九一〇八月五日）	七七三·四（一九〇四）
蕪湖	一三〇〇·七	三六五·二	九一五·四	一六三三·〇（一九〇六）	四〇〇·九（一九〇九六月）	三一七·五（一九〇五四月十九日）	五七三·二（一九〇〇）
九江	一六一〇·三	五五五·九	一〇八四·四	二〇三三·二（一九一〇）	六〇六·（一九〇九六月）	一七七·〇（一九〇一六月廿四日）	一〇三〇·八（一九〇二）
漢口	一二一三·七	二八〇·五	八三二·三	一六〇九·二（一九〇九）	五三三·八（一九〇一七月）	一九五·〇（一九〇九七月十三日）	五八二·五（一九〇二）
宜昌	一〇三五·八	一八三·四	七三二·四	一三三五·九（一九一〇）	三九九·八（一九〇八七月）	一八一·六（一九一〇七月十三日）	六四二·二（一九〇〇）六四四·七（一九〇二）
重慶	一〇二四·九	三七九·九	六四五·〇	一四一九·七（一九〇三）	二九一·二（一九〇三六月）	一三三·八（一九〇三六月八日）	七九〇·二（一九〇二）
寧波	一三二一·〇	五二一·九	八一九·二	一八六二·〇（一九一一）	三九七·二（一九〇三六月）	一三七·〇（一九〇一八月十九日）	九二一·八（一九一〇）
溫州	一五六八·四	四七四·一	一〇八四·三	二〇四四·四（一九〇八）	四五三·〇（一九〇八八月）	一四四·〇（一九一〇七月十九日）	一二三九·七（一九〇二）
福州	一五一四·六	五六三·九	九五一·七	二五七一·六（一九〇六）	六六五·五（一九〇九九月）	二六八·三（一九〇九九月三十日）	一〇三三·九（一九一〇）
牛山島	九九六·九	二六九·〇	七〇七·九	一二八四·三（一九〇三）	三三三·〇（一九〇一八月）	二〇四·〇（一九〇六五月廿二日）	六三六·三（一九一〇）
烏邱嶼	八四四·一	一九七·四	六四六·七	一一二五·四（一九〇〇）	三八九·〇（一九〇三六月）	一一一·三（一九〇六五月廿三日）	五六〇·一（一九一〇）
廈門	一一五五·七	三三〇·七	八四五·〇	一六四五·七（一九〇三）	三八八·八（一九〇四八月）	一八三·六（一九〇三五月十八日）	六一四·八（一九一〇）

東淀島	一〇三五·〇	二九八·〇	七三七·〇	一五六二·〇(一九〇三)	四〇八·七(一九〇三五月)	一七二·七(一九〇五九月十五日)	六九五·一(一九一〇)
東澎島	一〇七九·四	三四八·三	七三一·一	一七八四·七(一九〇三)	五六八·五(一九〇三九月)	一六三·六(一九〇一六月四日)	五九七·九(一九一〇)
石碑山	一三七六·三	四〇〇·一	九七六·三	二〇九五·四(一九〇三)	五四八·一(一九〇九十月)	三一八·六(一九〇六七月廿六日)	七〇一·六(一九一〇)
梧州	一三三九·八	三三六·三	一〇〇三·六	二四〇八·九(一九〇七)	四七三·二(一九〇七五月)	一三四·一(一九〇一七月三日)	九七五·四(一九〇〇)
龍州	一〇〇四·三	三〇二·一	七〇二·二	一五二六·五(一九〇八)	四〇七·三(一九〇四五月)	一四四·八(一九〇四五月二日)	四七九·五(一九〇二)
北海(廣東)	一九八五·五	五三七·一	一四五八·四	二六九一·三(一九〇八)	九五三·五(一九〇〇七月)	三一九·五(一九〇三六月廿七日)	一四三三·七(一九一〇)
汕頭	一五〇九·五	四一六·三	一〇九三·三	二三一八·七(一九〇三)	五六〇·七(一九〇二六月)	三三三·四(一九〇三十月廿八日)	七四六·一(一九一〇)
三水	一五三七·九	四八九·一	一三六八·八	二七八〇·〇(一九〇三)	六三五·六(一九〇七九月)	一九四·〇(一九〇〇九月十四日)	三三三·七(一九一〇)

(附註)上列諸站中牛莊小龜山及佘山天文台亦缺一年至二年

此外測驗值及五六年者，亦列其一年中雨量平均值如下：

奉天	五九八·三	山後	四九九·五	天津	四九五·九	霍邱	一〇六三·九	南京	一一一八·四
沙市	一三一八·一	杭州	一五四三·三	北魚山	一一三七·九	東湧	七九九·三	東犬	一一八一·七
吳淞	一〇六三·三	蔡薩浜	一一三七·九	成都	八八四·六	雲南	一〇九八·五	南寧	一一八六·一
蒙自	九六八·一	哈爾濱	五六四·〇	長春	七六一·七				

閱表足知我國各處雨量多寡不一，多者如香港達二千粍，少者則芝罘年僅五百八十七粍；但旱災並不視乎一地點雨量之多寡而定。蓋雨量稀少之處，其所種植之農產，耕耘之制度，以及人口之多寡，均與雨量豐沛之處不同。古代人民已按各地之環境，相地之宜，而培適當之農產品。故雨量最少之地，未必爲旱災最酷之處也。

旱災之多寡，實視乎一地雨量變更之程度而定。設甲乙二地，平均雨量每年均爲一千粍，苟甲地雨量年年無大出入，總在一千粍左右，而乙地則有時僅五百粍，而有時則達一千五百粍，其總平均之數雖與甲地不相上下，但甲地風調雨順，而乙地則水旱頻年矣。歐洲人口之密，不下於東亞，然歐洲各國旱潦之多，遠不及印度與中國，雖曰歐洲交通便利，工業興盛，由於人力，而半實由於天時也。

又據竺爾克調查上海香港由一八七三至一九〇二年各月之平均雨量如左表，表中之數俱以公釐計之。

	上海	香港
一月	四五·六	三三·八
二月	五八·二	四三·三
三月	八一·五	七四·九
四月	九〇·六	一四六·八
五月	九一·四	三六一·〇
六月	一六九·一	三七〇·三
七月	一三八·四	三八〇·一
八月	一四〇·八	三六四·九
九月	一一九·八	二四〇·五
十月	八四·〇	一一五·三
十一月	四六·九	三六·四
十二月	二九·九	二六·九

又天津三十年間每年平均雨量如左（一八九一——一九二〇）

年	雨（公釐）
一八九一	七二四·四
、九二	五四三·六
、九三	五七〇
、九四	七七四·七
、九五	三六六·八
、九六	五九六·七
、九七	六〇八·七
、九八	四〇五·三
、九九	三一五·五
一九〇〇	三二三·六
一九〇一	五六八·七
、〇二	二五五·七
、〇三	四〇五·一
、〇四	五九九·七
、〇五	四九四·八
、〇六	
、〇七	
、〇八	
、〇九	
、一〇	
一九一一	
、一二	
、一三	
、一四	
、一五	
、一六	
、一七	
、一八	—
、一九	
、二〇	

吾國之雨大半由夏期恆風 Summer monsoon 所播而來，是風恆於清明前達於粵滬，小暑處暑間通吹於國之中部（漢口）以及北方各省，秋分節前後又南旋，是後則全國易爲冬期恆

風 Winter monsoon 矣。夏期恆風來自海洋，故攜水氣多，反旆於北，再逢於南，故吾國南方多雨，所防者多為潦；北方寡雨，所防者多為旱。冬期恆風來自高陵，攜雨固少，此外降雨亦有因乎風暴者，吾國雨量之分配既如是其不均，故水旱之災輒十餘年而一遇。近數十年來旱之為災最重者，一為清光緒三四年（一八七七——七八）秦豫晉三省之旱，赤地數千里，災黎死亡泰半；一為清光緒二十六年（一九〇〇）秦豫之旱，一為清宣統元年（一九〇九）甘省之旱，皆極重大，惜無統計，最近則民國九年十年（一九二〇——二一）秦豫直魯晉五省之旱，據調查報告如左：

省分	直隸	河南	山東	山西	陝西
災區	九七縣	五七縣	三五縣	五六縣	七二縣
災民之數	八、七三六、七一三	四、三七〇、一六三	三、八二七、三八〇	一、六二六、八九〇	一、二四三、九六〇

所費中外賑款：

直隸　八、七五二、八五五·五四元

山東　三、〇三七、二五九·八四元

河南	三、六六二、一四四·七七元	山西	二、四一五、五六二·四〇元
陝西	一、〇五九、五〇〇·〇〇元	甘肅	四五、〇〇〇·〇〇元

共計一八、九七二、三二二·五五元可謂巨災矣。（最近數年之水旱災已詳拙著中國民食政策茲不再贅）

至若水災則江南北各省幾於歲有所聞。而其尤甚者，則爲清光緒三十一年及宣統二年淮沂泗流域之災。居民流離失所者不計其數。民國二年河北之水災，繼之以民國六年之巨災，河北被水者五十餘縣，殃及津沽，危及京華。七年魯贛湘鄂浙亦各告災，十年則蘇皖魯又同時被災。大抵旱災之見於內地各省，皆爲灌溉所不及之地，平時既無其備，一遇凶荒，坐以待斃。清初劉獻廷氏有言：「蓋北方爲二帝三王之舊都，二千餘年，未聞仰給，致於東南則溝洫通而水利修也。自五胡雲擾以迄金元，千有餘年，人皆草草偸生，不暇遠慮，相習成風，不知水利爲何事。故西北非無水也，有水而不能用也；不爲民利乃爲民害，旱則赤地千里，潦則漂沒民居，無地可瀦，而無道可行，人固無如水何，水亦無如人何矣。元虞學士始奮然言之，郭太史始毅然修之，未幾竟廢，三百年來無過而問之者。有聖人出而經理天下，必自西北水利始。水利興而後足食教化可施也。」—（見廣陽雜記）水災之見於南北各省，則霪雨之外，河流治導之缺乏，實爲其由，蓋農之利用水，給水與排水並重，秦豫之士專恃天雨，故過於枯燥，江淮之地沮洳不瀉，一遇久霖，災自不免，至於濱河之域，則又受漲漫決口之衝，爲患更甚也。

竺可楨君嘗就中國歷史上之旱災作一統計，其結果自東晉迄今，歷史上所載旱災每百年平均有四十九起，黃河流域各省，每世紀平均有旱災八次，長江流域諸省旱災較少，每省每世紀僅五次而已。（原文見史地學報第三卷第六期）

第二項　歷代灌溉事業

一　古代灌溉事業

吾國數千年來，灌溉排水僅持人工畜工器具以爲之，人畜之力既有限，用器復簡陋，竭手足之力以與天爭，然猶有相當之成績。如史之所載，渭北成都之灌溉事業，雖一已湮廢，一無存在，而其遺迹，班班可考：

渭北之灌溉事業，創於秦代，秦始皇時使鄭國開鑿涇水，溉田四萬頃，關中遂爲沃壤，無凶歲，秦以富強名曰鄭國渠。漢武帝時，白公復引涇水，溉田四千五百餘頃，名曰白渠，後漢遷都洛陽，二渠漸廢，秦苻堅時嘗修之。唐都關中，灌溉之利，去秦漢遠甚，兩渠所溉，惟萬頃計。北宋以後，更非昔比，涇水底下，渠口高仰，灌溉之功幾盡廢矣。洎乎晚近，除有數段尙可溉田數百頃，其餘則遺跡亦不可復得矣。現代水利學家李協君有言曰：「昔鄭國渠溉田四萬頃，今參用新法，推廣灌溉之區域，則五六萬頃亦所可及，而涇水之量，實足供之，且涇谷妙兒嶺地質天然一水庫良址，瀦年之水，儲作旱年之用，當不愁缺水之困，渠中之水，並可供航運之用，有湖泊則漁業亦可經營，專就灌溉之利言之，每畝以極少計，能多收獲一元之利，則五萬頃卽每歲增加生產力五百萬元，若將來農人經練有素，善於治田，則千萬頃之利當不難得，此種工程，利旣偉大而永久，則其創始不可不愼，其工程之鉅，較隴關通長安之鐵路有過之無不及，大抵須在四五百萬元以上，然以每歲獲利之多比之，則此工費亦渺乎微矣。」由上述諸語觀之，則知渭北水利固有可以復興之辦法在。

成都之灌溉事業亦始於秦代，利用岷江之水以灌溉全區，旱則引灌，澇則疏導；無論旱澇，農收自足，故川中號爲天府，査岷江自灌縣分疏爲數十條，至鼓山縣復合長九十英里，廣四十英里，面積二千四百萬方英里中間包有十八縣，歷代遞加修治，引水入渠，派別支分，不可勝紀，故在前清各省之旱災以川省爲最少也。

二　近代灌溉事業

我國灌溉之歷史雖古，然近六七十年來實無鉅大發展。東南各省水道縱橫，有前人渠堰成績，民間尚可延用不墜，西北各省水利荒廢甚多，非賴有才力者爲之提倡不可。玆分述如下：

（1）滿州

松江遼河二流域，清初禁漢人開墾，光緖四年始弛禁令，六年設移民委員於吉林，獎勵墾荒，自是各省人民往住者甚衆。十九年以新闢之地增置四縣，（懷仁，安東，通化，寬甸）日俄戰後，日人大增營水田於新民府，長春，開原及關東州等處。淸宣統元年又於南滿鐵道附屬地內設勝弘農場。吾國人人趨亦趨，亦逐漸種稻於各地，惟無精確之調查，詳細情況，不可得聞。玆據日本關東都督府之調査，南滿稻田至民國二年收穫量已達十五萬石之多，稻田計有二百萬町步，以吾國畝數計之，已有五千餘萬頃，收穫量已達三千萬至三千五百萬石。

滿州農業，向恃雨露以代灌溉。及改墾水田，始廣開水源，以增水利。引水溉田，法有兩種：一曰引河水以溉田，二曰鑿井汲水，引用地層水以溉田是也。南滿鐵路附屬地內，引水不易，皆鑿井汲引，從事灌溉，惟汲水灌田，率恃人力，需時旣久，費力亦多。間有開鑿洋井，利用機械者，然開辦需費，小農望而卻步。國家又無術爲之倡導，使與外人爭勝，則除胼手胝足，恃血汗辛苦以資耕種外，又有何法？以如此耐勞勤奮之民，政府不知倡導，棄利於人，而惟日事搜括，養兵殺人之是務，又安望民生不日貧，國本不日弱耶？

（2）新疆

經年少雨，河流乾涸時多，農民所恃，惟夏令山嶺融雪之水耳。清林則徐氏始教民掘坎井，聚水，穿遂道分佈。張勤果又創架槽之制，蓋土係沙質，渠易漏也；槽以木製，底舖毛氈，以防滲漏，起自山麓，遠渡沙漠以至用水之地，長恆亘數里，居民至今賴之。

（3）河套

黃河灌溉之利，惟見於河套，蓋因地質犖确，雨澤又稀，非賴黃河水漲時，充分灌溉不可。淺言之，套中平坦千里，能澆水卽能耕種，不能澆水，卽不能耕種。黃河不能直接灌溉，必多開引水之渠，功效始見。現五原縣境有官渠八道，支渠十二餘，爲墾務局所建，和渠甚多，今亦皆沒收入官。美國教士斐牧師亦在縣之東南開渠八九十里，灌田八百餘頃，經營二十年矣。寧夏、寧朔、平羅三縣有清唐漢惠四渠，灌田二萬頃，各渠均有閘壩，以司蓄瀉，閘之啓閉，由水利局規定，以免爭執。

(4)陝甘

近數十年來陝甘黃河支流及寧夏皐蘭水利之成績，亦有可言者。一曰甘肅之水利。黃河自貴德入甘省，迄於入套，共歷城十三，紆迴曲折，計水道有二千三百里。自導河（舊河州）以下，始見渠工，入皐蘭境，土沃物阜，灘皆墾植。河流金縣亂山中，瀉如瀑布，土人沿山引水以溉田。靖遠黃河堰，灌溉田畝，一望無邊際。中衛廣宇天開，平疇棋布，水利益溥。寧夏沃野千里，彌望皆青。渠之大者有漢伯渠，胡渠，御史渠（甘肅有二御史渠，在寧夏者溉田二千餘頃），御史渠溉田二千餘頃，漢伯渠亦長八十餘里，與胡渠共溉田五千餘頃。每渠又各有支渠，計溉田之數，中衛得三千三百餘頃，靈寧四千餘頃，靈州七千餘頃，地愈北而渠愈大，水利益愈富。中衛較皐蘭已勝，靈寧靈州較中衛又勝，迄乎寧夏洋洋大觀，視靈寧中衛又瞠乎其後矣。此清季以來甘肅水利之情形也。時皐蘭土著有段續者，創設水車，製木斗爲方形，排釘於車輪之四周，竪置於岸高水深處。逆齒近水，汲水上升，每大車一輪可灌田七八百畝。小車可灌田四五百畝。農戶競相仿效，兩岸排輪如雉堞，河流湍急處均採用之。斯亦吾民族繁殖自立之一法，而有待於後人之表彰者也。一曰陝西之水利。涇河鄭白渠之利，著於秦漢，明時涇河刷深，白渠身高，已難受水，乃兼用山泉，近則涇水全不入渠。專將泉水灌田，僅數百頃。然寧夏河套而外，黃河瀉流湍急，無水利之可言，自潼關入渤海，更潰決時聞，爲古今之巨患。沿河兩岸沙磧連亘，荒涼滿目，皆河患使之然也。其支流各河水利之可稱者，首推渭水流域。渭水連陝甘兩省，經流各地，水土腴衍，氣候溫和，人烟廬舍，櫛比鱗次，地苟可闢，莫不引爲水田。然渭水水利，秦隴共之，上游合流者多山泉，水清且甘。下游合流者多沙河，水濁而肥。隴渠土質堅牢，一勞而水利永存，秦渠沙性鬆浮，疏浚而水力始溥。性質雖異，其爲利則一也。秦中灌溉之利，最著者渭之外，又莫如涇。涇縣龍渠古鄭白渠之遺址也。向灌涇陽，高陵、三原、醴泉四縣。清季兵興，灌溉荒廢，同治八年，陝撫劉典以渠道告湮，籌款修理。光緒八年馮譽驥繼之，復加修築，渠長十餘里，灌溉四縣。民國六年設水利局局長郭希仁擬恢復涇河水利，測量仲山形勢，圖開釣兒嘴山峒，長七里餘，估工五十餘萬，以地方秩序不寧，財政無着，致大好計劃，一時未克實現。民國十年華洋義賑會又復倡引涇灌溉，以爲永久救荒之計，乃派工程師吳雪滄來陝測勘，承當軸採納，惜以內戰連年，此項事業未克果行。十七年大旱顆粒不收者三年，釀成千古未有之奇災，餓死人民達二百萬之衆。今雖事過境遷，每一思及，猶不禁色變而骨慄。該省當局及中外慈善家有鑒及此，亦莫不以引涇灌溉爲根本之策。華洋義賑會乃捐助五十萬元，充鑿洞及開八公里幹渠之用。檀香山華僑復捐助十四萬元，指定專做各堰。此火奴魯魯堰之所以名也。朱慶瀾氏捐助洋灰兩萬袋，陝省府籌欵五十萬元，於是十餘年來所倡引涇灌溉計劃，至此始將行告成矣。

至引涇工程可分三部，即進水工程，橋樑工程，渠道工程是也。前者統歸華洋義賑會擔任修造，已於十九年十一月間開工。後者由陝省府督飭建廳負責，二十一年二月成立釣兒嘴水利協進委員會，七月間改組爲渭北水利工程處，以期工程進行順利焉。

新定引涇計劃，係以恢復白公渠之舊蹟爲主。故關於澆灌面積之劃分，定以五十萬畝爲標準，渠水量定爲每秒十六立方公尺，計包括醴泉、涇陽、三原、高陵、臨潼五縣之地。茲將各部工程，分述如左：

（甲）進水工程　進水工程暨七公里許之幹渠，統歸華洋義賑會計劃修建。進水隧洞長三百五十九公尺，底寬五公尺，高三公尺五，底平無坡度。進洞閘門三個，製以鋼鐵，啓閉操縱自如。進水門欄之標高爲四四二公尺五，高出涇河低水位二公尺五。在進水門之下，築洋灰堰名火奴魯魯堰，蓋紀念旅檀華僑捐助也。堰頂標高爲四四六公尺，堰成水自入渠。如渠內不用水，或涇河洪漲，挾泥沙太多時，卽閉閘門，水由堰頂滚下。隧洞之下爲石渠，長一千四百一十六公尺，底寬爲六公尺，渠底傾斜度爲二千一百三十三分之一。自野狐橋至衙背後，係整理舊龍洞渠之土渠，底寬六公尺，水深二公尺，兩岸斜坡一比一，底渠傾斜度爲二千一百三十三分之一。自衙背後以東，以舊渠灣曲過甚，且緊靠涇河，遂由該處取直裁灣，直趨王橋鎭之西石橋。此段裁灣取直，雖費於一時，而離涇河甚遠，河岸卽有傾塌，亦絕無危及渠身之虞也。

（乙）橋樑工程　在此段渠內之橋樑計十有二座，多半爲洩山洪之用。茲將各橋名稱及建築樣式，表列於左：

橋名	樣式	作用
水磨橋	石穹	洩山洪
二號橋	石穹	洩山洪
三號橋	鐵骨洋灰頂	洩山洪
大王橋	石穹	洩山洪
小王橋	鐵骨洋灰頂	洩山洪
野狐橋	鐵骨洋灰頂	洩山洪
暗橋	石穹	洩山洪
趙家橋	石穹	洩山洪

土橋	土洞	洩山洪
朱子橋	鐵骨洋灰頂	洩山洪
二孔涵洞	磚穹	洩山洪
西石橋	磚穹	大車路

（丙）渠道工程　自王橋鎮西石橋以東，歸建廳渭北水利工程處計劃修建。由此社樹堡村北，長三千四百公尺，名爲總幹渠，係整理龍洞舊渠，渠底寬六公尺。兩岸斜坡一比一，渠底傾斜爲二千分之一，水深二公尺，渠水量爲每秒十六立方公尺。在社樹堡之北，築一洋灰分水閘，分爲南北兩道幹渠。北幹渠係整理舊龍洞渠，値達三原縣東境，注入清峪，計長六十餘里。水深定爲一公尺四公寸，底寬由二公尺半至三公尺半，兩岸斜坡爲一比一，渠底傾斜度爲一千分之一至二千五百分之一，水量爲五秒粎。澆地畝數定爲十五萬畝。南幹渠純係新渠，由分水閘起，東經涇陽城北，至高陵境，南下注入渭河，計長九十餘里。水深定爲一公尺六公寸，底寬由四

公尺二至五公尺，兩岸斜坡爲一比一，渠底傾斜度爲千分之一至二千分之一，水量爲五十秒粎，澆地畝數定爲三十五萬畝。兩道幹渠之外，左右開挖大支渠，渠線雖未定妥，大約共長在五百里以上。須將地勢詳細勘察後，始能設計。至渠道所經橋樑涵洞甚多，凡通行大路，均須建橋，以利交通。尋常者建以磚路，重要處則用鐵骨洋灰，但各橋均按荷載五噸重汽車設計。在南幹渠因地勢頗陡，逐段設置跌水，以調節渠底之傾斜度。各支渠之閘門，均用鐵製，並可操縱啓閉自如。此陝省近年興辦水利工程之大概也。（參看陝省建設廳引涇工程報告書）

（5）寧夏

寧夏古雍州地也。自漢唐以來，因黃河入青銅峽，佔居高臨下之勢，穿渠溉田，徙民實塞，遂爲朔方河渠農業發達之第一大都會。宋時爲西夏所竊踞，民富兵強，稱盛一時，歷元明清縮轂三邊，屏藩秦隴，巋然屹立，又爲西北國防第一重鎮焉。民國十七年秋，國府以甘肅幅員遼闊，毗連蒙藏，爲縮小省區易於敷治起見，遂劃分爲甘肅、寧夏、青海三省；寧夏即於十八年春設官分職，改建行省而告成立矣。此寧夏建省之由來也。至該省過去之水利工程，特述之如左：

黄河自甘肅靖遠而入寧省中衛縣屬之炭山硤，地居建瓴之勢，即由此硤南北兩岸各開大渠一道，南曰七星渠，北曰美利渠，七星美利渠口以下依次各開小渠數道，名曰太平、羚羊、石空、棗園、廣武、鐵渠等，各渠長短有遠至百餘里或數十里不等，共灌中衛縣田畝二十餘萬。河出中衛縣界，即入寧夏之青銅峽，亦由此峽東岸開渠口兩道，首曰漢渠，長九十餘里，灌溉金積縣六萬畝，次曰秦渠，長一百二十餘里，灌溉靈武縣田畝七萬餘，峽之西岸開渠口四道，首名唐徠渠，共長三百餘里，約有大小支渠六百餘口，灌溉寧夏寧朔平羅三縣田畝二十餘萬，次名大清渠，約長八十餘里，分灌寧朔縣田三萬餘，次名漢延渠，約長一百八十餘里，共有支口三百餘，灌溉寧夏縣田十五萬餘畝，又次名惠農渠，亦長三百餘里，分灌寧夏平羅兩縣田十八萬餘畝，其他如寧夏縣屬河中堡之天水渠，平羅縣屬寶豐之昌潤渠，均各灌田萬餘畝或數千畝不等，此寧夏建省以前開渠灌溉之大概情形也。迨改省後，各渠亦經建廳督飭疏濬，水量充足，年穀豐收，又相度地勢，所開支渠數道：一曰第一民生渠，自楊和堡起，至李祥堡止，共長二十五里，係引惠農渠水，可灌田二萬餘畝。二曰第二民生渠，自惠農永祥閘起，經通寧至通朔止，共長三十餘里，亦引惠農渠水可灌田四萬畝。三曰興業渠，自常信堡起至鎮朔堡止，共長五十里，係唐徠渠水，可灌田六七萬畝。四曰紹昌渠，在仇家灘，係引惠農渠水，共長八里，可灌田四千畝上下。五曰紹興渠，在包雷家灘，係引惠農渠水，共長五里，可灌田二千餘畝。六曰龍華渠，在通義村，係引惠農渠水，共長五里，可灌田三四千畝。七曰天字渠，在任春堡，係引惠農渠水，共長約八里，可灌田三千餘畝。要之開渠灌溉，鑿井造林，於國計民生頗有裨益焉。

（6）山西

前清時水利無可述者，民國以來，閻錫山以水利晝爲六政之一，力事提倡，組織打井隊，勸民鑿井灌田，已經舉辦者，山陰縣則有柏口渠，濬成可溉田七八千畝。岢嵐縣牛家莊兩渠，可溉田千餘畝。潞城縣石渠可溉田十三頃。定襄縣通利渠，長六十里，灌田亦富。又復購置機械，制定水利貸款章程，他日利普全境，正未可量也。玆將山西各渠及山西水利各公司，列於下端，以見山西經營水利之一斑焉。

一、廣渠　桑乾河經陽高、天鎮二縣，廣源公司引用之，各溉田六百餘畝。

二、南渠及北渠中渠東渠　在應縣南，共溉田十萬畝，廣裕公司所經營也。崞縣定襄亦各溉田萬畝。

三、淳濟渠　在崞縣，爲晉裕公司所經營，溉田六千畝，支渠溉田三千畝。

四、廣裕水利公司　在朔縣者，溉田八十頃。在天鎮者，溉六百餘畝。

五、信豐水利公司　在平魯縣，墕而後開，溉田七十餘頃。

六、南坪水利公司　在靈邱縣，溉田千三百畝。

七、大興水利公司　在朔縣，灌地八千畝。

（7）綏遠

綏遠省轄山西舊歸綏道屬及烏蘭察布伊克昭二盟之地，全省面積約九二〇、〇〇〇方里，人口據十二年郵局統計有八十二萬五千人，今察省五縣劃入該省，據調查人口當有二百五十萬，較前增加三分之二。土地大部份雖乾燥，而質甚腴沃，宜於耕種，河套一帶，尤宜農墾。往者交通不便，人尚視爲畏途，今則平綏鐵路告成，冀魯墾民連翩而至，故墾荒事業，甚形發達焉。

民國十七八年間綏西薩托等十餘縣大旱，人民無衣無食，饑寒以斃者約十數萬人，全省人口二百五十萬，而災民達一百八十萬，已佔全數百分之七十二。實爲吾國近數十年來空前未有之奇災也。綏省府特請華洋義賑會舉辦以工代賑，開鑿水渠，灌溉田畝，以作根本救濟之圖。義賑會乃於十八年春，派遣工程師實地測勘，二月而告竣，遂決定引黃河之水，自磴口村以迄黑河，建築長七十公里之灌溉幹渠一道，及支渠十四道，以灌溉災區。預算需費七十五萬元，省府擔任三分之一，餘由義賑會任之。雙方訂約，俟渠成後，抽取田畝用水捐，以資修治，而爲償還建築之費，定渠名爲綏遠薩托民生渠。議既定，乃於十八年五月開工。所有渠口總閘門及幹渠土方，同時進行，迨至十九年夏秋之間，渠成放水，可灌田百餘萬畝焉。

薩拉齊托克托二縣，位於綏遠之西，大青山之陽，黃河經其南，黑河繞其東，地勢平坦，土性頗佳，凡種植高粱麥粟，無不相宜。祇以人民狃於故習，懼黃河之水患，不敢利用之，以致一遇天旱，束手無策，棄利於地，甚可惜也，夫河套八大渠，胥引黃河之水以灌溉，富甲關中，至今稱之。今薩托之黃河，又何不可以用之而盡地利乎？特視工程之計劃何如耳。自義賑會擔任辦理後，卽派工程師考察，認磴口附近可以設閘引水，故即於該處作爲幹渠之起點，東行以達黑河，利用天然河道，水仍洩於托縣附近之黃河。茲將其工程詳述如下：(甲)幹渠　薩托一帶，除七八月間見雨外，平時雨量甚微。故西自磴口，東至黑河，南迄黃河，凡幹渠以南一百萬畝之地，胥賴渠水之灌溉，是以渠口之設計，其底寬爲十八公尺，渠坡之坡度，爲一·五比一，水壓之坡度爲八千三百分之一，以水深十英尺計，依邁寧氏公式推算，得每秒一千九百〇五立方英尺之流量。自渠口以下，灌溉之面積漸減，需水較少，渠道自可逐漸縮小。故至十七公里處，渠底寬減爲十六公尺。以後每過十六七公里，收縮二公尺，迨縮至十二公尺爲止。如是則工費略省，而下游之水流較急，可免泥砂沉積而礙渠道。又於渠邊兩岸各預留二十英尺，以備他日水量增加時，作爲寬渠身之用。(乙)支渠　幹渠位於黃河之北，地勢較高，故沿幹渠南岸，挖支渠十四道，使水順流而下，分注農田。支渠之長短不一，惟均開鑿至距黃河一英里爲止。各支渠之相互距離，約五公里，渠底寬三公尺，其坡度一萬分之二，渠牆之坡亦爲一·五比一。(丙)總閘門　幹渠之口，位於磴口村南里許。近口處兩邊築以石堤，下埋滿貯石塊之鐵絲籠，以護基礎。入口一百公尺處，總閘門在焉。閘基及牆均用三合土構造。閘孔有四，各寬十四英尺。每孔備鋼門二扇，各高五英尺。門之兩邊，均嵌入三合土牆上之門槽內。閘上立鋼架，用四噸人力起重機以上下啓閉之。閘上又駕以鐵筋三合土橋梁，寬十二英尺，以爲通行汽車之用。(丁)調濟閘門　幹渠下游，設調濟閘門三座，以節制水量。閘基及牆亦建以三合土，形式與總閘門相似，惟分三孔，每孔設鋼門一扇，高八英尺，亦以人力起重機以上下啓閉之。近以限於經費，擬先在七座茅菴附近建築一座，以資應用。(戊)支渠閘門　凡支渠與幹渠交叉處，均建支渠閘門一座。閘基及牆亦爲三合土構造，寬十二英尺。門爲木製疊梁式，係用七寸厚十二寸高之木條相疊而成。(己)橋梁　幹支渠穿越大道之處，均建木橋，以維交通。此項橋梁長短，依渠道之寬窄而定，惟橋面均寬十二英尺。(庚)潛水壩　在黑河下游，離渠口二百公尺處，河身最窄，約三百公尺弱，即於其處建潛水壩一座，橫貫河身。當春夏之交，水面極低，非激水使高，不足以引水入渠。壩頂低於最低之平均水面計二公尺。上游爲四比一之坡，下游爲二比一之坡，頂寬十公尺，以巨石及沙袋築成之。此爲薩托二縣渠工概況也。

尤有進者，此渠建築之旨，既係工賑，故所用工人大都爲當地災民。開工之始，凡來會求工作者，即與以一百公尺至三百公尺之小段，作爲一排。倘有妥實保證者，可先領取百分之三十之工款，以購置工具及招募工人預備食宿之用。自後每完五十公尺，即由工程師實地量方，開單發價。每方土工工價自三角至四角不等，依土質之鬆硬地點之乾濕而定。又當地工人性愚而懶，除土工可以勉強工作外，其他三合土閘門及各種建築物，均非所習，難以擔任，故義賑會另由北平等處招僱優良工匠以包造之。要之以工代賑，實爲救濟災患之唯一方法，且事簡而易行，收效甚宏，觀北平西石蘆及綏遠薩托之灌溉工程，蓋可知也。

（8）河北

河北水利，有淸一代，以雍正朝爲最著。時怡賢親王，總理畿輔水利，數年之間，墾地六千餘頃。厥後林則徐復暢言之，時方多故，未能實行。自同治以後，迄於今日，鑿渠溉田，間有可述者，益寥寥矣。據同治四年卞寶第請將荒地試墾水田疏云：「咸豐九年，科爾沁親王僧格林心駐兵大沽海口，以海河兩岸，舊有水田，日久荒廢，倡議勸捐貲墾，得稻田四千二百餘畝，遂使斥鹵之區，成爲沃壤。」此其一。同治初元，侍郎崇厚請開天津水田章程疏（事在同治二年）云：「茲據鄧啓元（時大沽協都司）姚經陞（天津海防同知）面稟云：前開地三千五百四十畝，近年有佃認種者二千七百九十畝餘，因收成不齊，佃逃地荒，詳查其中尙堪招佃承種者二百四十畝。餘五百餘畝，非滲漏不能儲水，卽鹽鹹不能滋長，實因地勢使然，尙非耕耨不力，必得添開進水溝一道，則前項荒地，留有二百畝可以招佃承種。幷於溝旁荒地可開闢七百五十畝，一律引水種植，共計收復幷復開地一千餘畝，俾已成之田，不致仍復廢棄，而水利可推廣矣。」（以上節採原疏）此其二。卞寶第同治四年原疏又云：「寧河天津交界處有棄地六七十里，曠無居人，廢棄可惜。寧河所屬軍糧城七星海、陳家溝一帶，瀕臨海河，引水灌溉，可開稻田一千餘頃。歲可收稻米十萬石。無水之時可以灌溉，水漲之時可以宣洩。開渠二道，官爲經理，計渠一道共三十餘里，兩道共長六十餘里。招佃墾種，確得稻田四千餘頃，變斥鹵爲膏腴，洵爲美利。」奉命允行。此其三。光緒七年李鴻章覆陳直隸河道地勢情形疏云：「淮軍統領周盛傳更於津東之興農鎭至大沽，創開新河九十里。上接南運減河，又於減河兩旁各開一渠，以便農田引灌。其興農鎭以下，又開橫河六道，節節挖溝，引水營成稻田六萬畝。且耕且防，海疆有此溝河，亦可限戎馬之足」云云，此其四。中東戰後，直督招民承墾小站水田，其初殆無一人應者。厥後一二佃戶，積利致富，承墾者始絡繹不絕，故今之小站附近，水田墾植者頗多。而其他地方尙依然荒僻，此蓋北人未習水稻，不知種稻之利。且需費倍於旱田，而豐嗇未定，故望塵而卻步也。（詳民國五年地學雜誌李永鎭論畿輔水利）此其五。民國元年潮白於通州上四十里之李遂鎭決口，入箭桿河，北出塘口後築堰以遏之，挽歸故道。民國七年大水，復決而勢成難挽，是年各河無不漲水，河北被災五十餘縣，天津租界行舟，於是中外人士始汲汲圖治，並組設順直水利委員會，商討治水之策，此其六。總此數端，略具端倪。

(9)湖北

鄂省襟江帶漢，港湖交錯。濱江臨河之各縣，無不倚堤爲命。每年夏秋，堤防潰決，哀鴻遍野，人民受水害之深，實爲中部各省之冠。民國十五年以前，經費無着，堤堰失修，卽燃眉防災之事，且不能舉辦，更無所謂水利根本問題也。迨革命軍底定武漢，政府關念民瘼，設置水利專局。因十五年大水，江漢兩岸，堤防潰口在十處以上。故十六、七兩年間，水利局之工程，專在堵築潰口，培修險要。每年新工方畢，夏汛開始，劃區分段，以資防護。此兩年間，堤防興修之處，在五十所以上。支用之工款，約在三百萬元。要皆隨時補苴，苟安一時，而於治標治本之具體辦法，確仍未計及之也。然而河床淤塞比降失調。河心之沙洲峙立，河岸之剝蝕愈烈。冬航困難，伏汛暴烈。影響於國計民生，誠非淺鮮。鄂省府有鑒於此，期將水利事項，併歸建廳直接辦理，附設水利工程處，聘安立森為工程師，規劃一切。於是招聘技術人員，購賣測量儀器，成立地形測量隊，水文雨量站。並沿江漢兩岸，堤堰之修繕，與護岸工程，同時並舉，一時湖北水利工程，大有一日千里之勢也。

(10)河南

河南地勢平坦，黃河而外，水皆緩流。人稠地闢，鑿渠溉田，殆不可覯。稍可稱述者，惟河北道天平萬金二渠及沁陽濟源一帶廣濟，永利，利豐三渠，與衞輝輝縣之百泉而已。然皆前人開鑿修治之功，今人惟墨守舊法，坐享其惠耳。茲述如下：

乾隆初元御史碩色與修豫水利疏（事在乾隆八年）云「永城縣境北隅有洪溝河一道，上接碭邑毛城舖減河黃河之水，下注宿州之睢河而歸洪澤，此吐納減黃之正流也。其上游碭蕭二縣境內，又有支河二道，一曰蔣溝河，一曰巴河，緣黃水盛漲，洪溝一河，不足以資宣洩，故又開此二河以分水勢，……又陳州府屬淮寧縣境內，有灌河一道，起自該縣之洪山廟，下至范家橋，入歸德府屬之鹿邑縣境內，即爲黑河，直達江南之太和縣，河道甚長，諸水匯聚，兩邑數百村莊之水，俱藉此二河宣洩。近年灌河淤墊不堪，黑河底淺岸低，每遇大雨時行，即致泛漲爲害。又鹿邑縣之清水，亦起自淮寧，下達江南亳州之淝河，現在兩邑河身均多低淺逼窄，今應將灌河挑濬，俾上流通暢，其下游鹿邑縣之黑河以及清水河地勢低窪，未便概行挑挖，以致愈滋窪下，應將最低之處各於兩岸加高堤堰，束水下流，其河底稍高者，仍行挑去淤土，則各水俱可暢行，不致阻滯瀰浸，此其一。河南巡撫鄂容安請修豫省河道疏（事在乾隆十五年）云「惠濟河來源出於賈魯河，由鄭州至中牟方行分洩，而鄭州窪下之區，係賈魯河經由之地，匯成大湖，伏秋湖河並漲，鄭中二邑民田，年年多被淹浸，今議於鄭州之唐需莊起挑挖一道，直接至惠濟閘迤北入河，則上游之水，節宣有資，鄭中二邑素被水患處所，均可涸出水旱田地數百頃，需費無多而爲利甚溥」此其二。河南巡撫陳宏謀請修溝河以弭水患疏（事在乾隆十七年）云「豫省歸德一府在省城之東南，所屬商邱夏邑永城等縣，地處下窪，上承開封等屬之水，下達江南宿州等處，舊有之河，日漸淺窄，每遇夏秋雨水略多，河不能容，水漫平地，即成水災……其所挑之河，所築之堤，均責成地方官分段交於有地之戶，年年挑挖修築……」此其三。

晚近鑿渠溉田，成績卓著，則惟有——安陽縣之天平渠：

（甲）天平渠之歷史　天平渠在安陽縣西北，漳河南岸，引漳行渠，灌溉多地，水利爲全省之最。溯天平渠最初開鑿，遠在二千年前，周時西門豹，史起實開創天平渠之鼻祖也。厥後歷代興革，政不暇施，天平古渠湮廢不用者垂二千餘年。前清光緒初元，晉豫兩省連年苦旱，安邑之民，苦於饑饉，遂於光緒六年稟請疏濬天平渠，遂由是復新。歷任地方官亦賡續試辦，然泥守舊道，績用弗成。蓋古渠淤積過高，最低處較閘門引漳河河底又高三四尺者，最高有至四丈四尺者，工倍事半，引水匪易，歷久無功，職是故也。光緒三十年，邑紳馬吉森始採改道之議，組織溥利公司，挑挖新渠，然辦理未善，旋亦停止。宣統元年，袁世凱罷官歸里，隱居洹上，主持另立天平渠灌田股份有限公司，從事開鑿，至民國二年，而渠工始成，是爲最近經營之天平渠。

（乙）灌溉狀况　天平渠起安陽縣城西北四十里之漁洋鎮，西北引漳水入渠，經頭二閘，穿向古渠道及京漢路之東邊。由此徐趣東行，至安陽橋村，流入洹村。計自幹渠口，迄渠尾，共長三十三里。渠頭漳河底溜，較尾閭洹河底溜高七丈有奇。幹渠之外，有支渠十七。沿渠地勢西高東低，故渠以東受水易，引水溉田之渠十有三。渠以西受水難，引水溉田之渠僅有四。幹渠寬一丈至三丈不等，水之深度，淺者二三尺，深者五六尺。支渠由用水村莊自行挑挖，公司僅行監督之責。據民國四年大平溉田公司量水器測量之報告，每一小時入渠之水，可達三萬二千四百立方英尺，每二十四小時，約可溉田五百四十畝。渠水盛時，河頭開閘，每一晝夜可灌田二千一百畝。若用水之戶，每半月輪流灌溉一次，週而復始，可以灌溉三萬餘畝，渠成之年，實溉田三萬四千餘畝，就水利言，實近數十年來之偉業也。

(11)江浙

江北墾殖水利之最大者，為沿海各鹽墾公司，大抵皆南通張謇為之倡導。其墾法築海堤禦潮，海堤內則分築堤圍於其間，開渠設閘，瀉水灌田，分墝墾種，先種靑，次種棉，再種麥，以次變為成熟。及今辦理有成效者，有通海墾牧公司，大豫，大有晉，掘港，大豐，泰源等公司，墾地大者十餘萬畝，小亦數萬畝。

太湖爲江南蘇浙二省水利腸胃，兩省灌溉實利賴之，有三萬六千頃，支港之多，不可勝數。經緯川渠，平流如織，沿湖澆灌，惜水如金，溝洫之利，備極講求。大江以北幅員遼闊，倍於江南，其農產收入不及江南三分之一，連年饑饉，民多流離，推原其故，概由於水利之不興。蘇省沿運兩岸南北三百數十里之農田灌溉，全恃運河，農事豐歉，即依運河水量之能否適合爲斷；運河淺涸，則灌溉無所取給；運河騰漲，則餘水無由宣洩。「每當上游入運之淮泗沂沭諸水大發，而下游江水亦復盛漲之時，則運河之水，即蓄鬱積於洪澤高寶一帶，崩決堤岸，氾濫成災，近二十年時爲民患。十七年春夏，山東及江北苦旱，運河驟形涸竭，淮安寶應百數十里之沿運農田向以水稻爲主業者，皆因無水栽秧而演成荒歉矣。」

（12）四川

清道光末，強望泰知懋功縣，懋功地高難掘，百仞及泉，用水維艱，縣民大困，縣城內外千餘家非下山汲水，無以供飲水之用，強望泰私心憂之，親勘各地，冀得水源，嗣於城內開一渠，引水入城，名曰「利民。」乃自作重修懋功利民渠記以志其事。其言曰：「懋功城南三十里之陰，有泉一泓，水勢滃然，前人引之以供汲飲。今以渠壞溝淤，汲引艱難，乃捐廉募款，疏渠引水，崖壁斷絕，聯以木槽。泉水流及城內外，砌兩池以時蓄洩。上池便人汲，下池便畜飲，始於三月二十日，至五月竣功，數十年若無涓滴者，今則泉水滾滾，徧注城郭矣。」飲食爲養生之本，溉田肥地，僅間接利於一方，鑿渠汲飲，直接利及全縣，所謂水利，其此之謂歟。

第三項　歷代濬治概況

濬治河川，從表面觀之，似爲防免水患，無利於救旱，其實關係殊切，亦不容忽視。蓋水患旣除，間接可減少田禾漂沒之損失，直接農民可安於畎畝，努力生產，冀有積蓄而補旱年之不足。卽如民國十八年西北大旱，綏遠當局爲根本救濟之圖，曾修理溝渠數道，建築新式工程，入秋後黃河大漲，爲溢水所冲毀，全功盡棄。是故救旱工作，濬治河川亦當同時注意也。明宋濂曰：「夫潤下水之性也，而欲爲之防，以殺其怒，遏其衝，不亦甚難矣哉！惟能因其勢而導之，可畜則儲水以備旱暵之災，可洩則瀉水以防水潦之溢，則水患息，而於是蓋有無窮之利焉。」（明史河渠志）清馮道立作淮揚治水論，曾曰：「善治水者，逐無用之水，循序歸壑，留有用之水，灌溉田畝以濟舟楫，則水不但無害於民，且有益於民，在乎人之利導耳。」清錢泳亦曰：「王政所重，莫先民食，而食出於農，農資於水。水得其用，可以挽凶而爲豐，化瘠以爲沃，利莫大焉。水不得其用，可以反豐而致凶，化沃以爲瘠，害莫甚焉。」（履園叢話卷四）旨哉斯言。

吾國濬治河川於前項敍灌溉事業時已兼論及之，茲再略敍濬治概況如左：

水利爲經國之宏謨，史籍所載，代有偉劃。考夏代禹湮洪水，疏九河，陂九澤，以開萬世之利。周代之路政，陸之可以通車馬者，自徑以上，徑寬四尺，畛寬五尺，涂寬六尺，道寬十二尺，路寬二十四尺，野涂五畝，寬五十八尺，環涂七軌，寬四十六尺，徑途九軌，寬五十八尺。水之可利灌溉者，自甽以上，甽深廣各一尺，遂倍甽，溝倍遂，洫倍溝，澮倍洫，川則倍於澮，廣三十二尺，深四仞。其於名稱，修短，寬闊，布置，建築，管理，均有可觀。周禮所謂：「遂衆治野，夫間有遂，遂上有徑，十夫有溝，溝上有畛，百夫有洫，洫上有涂，千夫有澮，澮上有道，萬夫有川，川上有路，以達於畿」是也。尤有進者，水利關係於農業，較道路尤甚，故古代講求水利者代不乏人，如管仲治齊，置水官以治理徑水，枝水、谷水、川水、淵水，時人謂之除五害。戰國時魏襄王以史起爲鄴令，遂引漳水溉鄴以富魏之河內，漢鄭當時獻議穿漕渠，王安世建策防水決，桑宏羊之復輪臺渠，賈逵通運渠三百餘里，類皆一時才幹之士，雖未能徧惠全國，猶能謀一方之利也。秦漢以後，繼起乏人。水患旱災，史不絕書。至晉杜預以水災東南爲劇，凡歷代舊陂均鳩工修補。平吳以後，多所開浚。唐代間亦有興修者。屢修屢廢，收效極微。如白居易爲杭州刺史，浚錢塘湖周圍三十里，凡放水溉田，每減一寸，可溉十五頃。宋代因外夷入寇，無暇及此，水患頻興。元時內立都水監，外設各處河渠司，以興舉水利，修理河堤爲務。決雙塔白浮諸水爲通惠河以濟漕運，而京師無轉餉之勞。導渾河疏灤水而武清平灤無墊溺之虞。浚治河障滹沱，而眞定免決嚙之患。開會通河於臨清以通南北之貨。而郭太史守敬等尤爲言水利者所宗。乃後世不能蕭規曹隨，爲民造福，遂致河道淤塞，水災時見。迨乎明末，則積荒數千里，已難收拾，治河名臣如徐有貞劉大夏潘季馴等，雖努力濬治，然亦無多大功效焉。清代迄今，河患頻仍，尤以黃河爲最。順治十五年，河決山陽，康熙元年，河決原武祥符，河道總督朱之錫，上緩急十事，開治河之先路。十六年，河水四溢，以靳輔爲河道總督，專任治水之事，功未竟而罷職。嘉慶年間，河患較前尤甚，國家靡帑防堵，爲財政上一大漏巵。然乾隆以前，治河者尙多實事求是，自和坤秉政，任河督者皆出其門，先納賄然後許之任，故皆利水患藉以侵蝕中飽；而河防乃日懈，河患乃日亟。是亦清室中衰現象之表露較著者也。茲將各河漫口次數，表之如下：

漫口年月	漫口處	合龍年月	堵築狀況	備註
嘉慶二年七月	永定河	二年八月		以雨詔停秋獮
二年八月	碭山境內楊家壩河		蘇凌阿等馳往堵築	
二年八月	曹汛壩河	二年十二月		次年截江西漕米四十萬石賑曹縣等衞水災又截漕糧二十七萬石
三年九月	睢州上汛河	四年正月	並疏濬下游	截祥符米豆十二萬石備賑
四年七月	碭汎邵家壩河	四年十一月		頒河神廟匾
六年六月	永定河桑乾河各四處	六年十月	費蔭等分勘水災褫總督姜晟河道王念孫職	京師大雨宮門水深數尺下詔自責發帑賑恤

八年九月	衡家樓河	九年三月	劉權之那彥寶馳勘	河督請開衡工捐例允行
十一年六月	王家營減壩河	十二年三月		賞戴均元徐端太子少保
十一年七月	宿南麗郭家房河	十一年十二月	軍機大臣鐵保等往勘	
十三年正月	南河陳家浦等處	十三年二月	頻溢命長麟戴衢亨往勘	
十三年六月	荷花塘漫河	十三年九月	十二月合而復蟄	鐵保下部議處那彥成降職
十三年六月	七里溝漫河			
十五年七月	永定河	十五九月		
十五年十月	高堰山圩兩廳			褫徐端翎頂
二十年二月	睢州二堡	二十年二月		
二十四年七月	永定河	二十四年九月	吳璥那彥寶馳堵	
二十四年八月	儀封北岸黃河	二十五年三月	吳璥馳往會琦善堵築	南岸復刷成漫口續塌至百餘丈

上表著其大概而已，其餘疏濬河流，防護堤決，工費無日，沖溢靡常，不可勝計也。每有水警，必簡派大臣前往堵築，或事先查勘情形，量爲預防，加之河臣濫冒侵漁，歲費無算，軍餉以外，此大宗矣。

道咸以後，則歲修廢弛，斤斤於小利，幾無歲無大旱大潦，更不堪問矣。（其詳當於著水利史時論之）

第四項　近代水力政策

孫中山氏有言曰：「今日人類之文明，已進至電氣時代矣。從此人之於電，將有不可須臾離者矣。觀於通都大邑之地，其用電之事，日以加增。點燈也用電，行路也用電，講話也用電，傳信也用電，作工也用電，治病也用電，炊爨也用電，禦寒也用電。以後電學更明，則用電之事更多矣。」（孫文學說）世稱二十世紀爲電世紀，信非虛語。

利用水力以發電，歐美各國以及日本近年蒸蒸日進，惟吾國則僅蘇之武進已試用，晉之吉縣擬舉辦，其他則尚無所聞。然以我國諸河川發源地勢之高，內地隔閡之遼遠，若欲大興工業，自非利用水力不可。美國梅羅氏提議以揚子江上流水力生電，可以經營漢口街市及其附近之鐵路悉用電力用最新之機，雖距離長四百餘英里可以利用也。三峽之險，本不利於行舟，若鑿石築堰，通閘行船，便利交通之外，所可供工藝之用，當不下於美之那阿格拉瀑布。若爲防禦水災計，爲灌溉計，諸水上源應築水庫者甚多，以其水落發動機械，工業之盛可遍及全國。

江蘇武進縣實行電力灌田，開我國農業上之新紀元。蓋近來工資高昂，以人力或牛力引水，極不經濟，故有不得不採用機械之趨勢。電力灌田，收效極宏，遇旱之年，高田缺水，有每畝減至一石者，若用電力，則不特能保持常度，且能多收一石。況用電力，每畝僅需費用一元三角至一元七角，若純恃人工灌水，即在雨暘時若之年，亦需二元以上。武進各鄉所用電機，純由戚野堰震華電氣廠供給。據十七年八月武進農民向建設委員會呈文，謂震華設備資本未充，未能再事擴張，殊爲引憾。武進農田一百五十萬畝，高田遇旱須用電力戽水者，約估三分之一，現購得電力戽水者不過四萬畝，非資本增加，無以益國計民生，請收歸國有，以資發展云云。惟武進無崇山峻嶺，不能利用水力發動機器，祇得利用火力，以煤爲燃料。將來全國水力發展，可以交流旁達，力謀農業之電化。

又蘇州滸關農田亦用機器戽水，滸關一路之高壓一萬六千伏脫，總線則直達滸墅關，至蘇錫交界之望亭爲止點，滸關又經六百四十開維愛變壓器降低至二千三百伏脫分支線五路，第一支線至蘇屬黃埭鎮，供給無錫縣屬之爆爆電燈公司電燈之用，沿途幷供給農田車水，第二支線南至黃花涇，管理農田一區，第三支線北至望亭，管理農田一區，第四支線東達包興鎮，管理農田一區，第五支線西至通安橋，再從各區因分佈戽水而定車口位置。資本總額爲十五萬二千元。（水泥線桿三百二十支，每支百元，計三萬二千元，木質線桿一千六百支，每支三十元，計四萬八千元，事務所房屋二萬元，大小變壓器二萬元，馬達幫浦四十組，每組八百元，計三萬二千元）又打水畝數及田稻收成，據民十六年調查，該年共打水一萬六千畝強，其用電力戽水者，照民十五年比較，每畝可增收一每畝收成之數約三石，用人力牛車者每畝約收二石而弱。

馬達與人力牛力之比較

農人負擔	器械成本	每畝均價	管理畝數
電力	由廠供給	一元六角二分	四百畝
牛方	全副約三百元	連戽水七元一角 不連戽水三元五角半	連戽水二十畝 不連戽水耕四十畝
人力	全副約一百二十元	連戽水十二元八角 不連戽水六元四角	連戽水五畝 不連戽水耕十畝

照以上觀察，用十五匹馬達六寸抽水機為標準，以價目計與牛力比較，農民每畝可減輕負擔約四倍餘，與人力比較，則可減至八倍，其有益農民可以想見。（參看工程季刊三卷四號）

我國最大之瀑布當推山西吉縣之壺口瀑布。禹貢：「冀州既載壺口」，即在此處。壺口之北即孟門山。淮南子：「龍門未闢，呂梁未鑿，河出孟河之上」。大禹疏通，謂之孟門。孟門即龍門之上口也。壺口在吉縣城西六十里，俗名龍王涎。黃河上游，地勢甚高，其傾斜約二十度左右，水勢奔騰，下趨數千里，至龍王涎陡縮，成八九丈寬之石渠，十餘丈高之石崖，全河水勢傾注直下，極似壺之注水，故曰壺口。又南至河津縣西之龍門山，謂之下口云。壺口為黃河巨阨，波浪掀天，濤聲振起，水

星激濺橫空高數十丈，如虹當天數十步外，無人敢近。（民十八年一月二十四日時報太原通信）

外人亦盛稱龍王涎瀑布，與北美洲之那阿格拉瀑布（Niagara Falls）東西映輝，據實地測量，其地黃河自廣千尺之河谷，縮成廣百尺之深峽，水深五十尺，五英里之內，河面降低二百尺。按那阿格拉瀑布水力之大，冠絕世界，由此莊嚴瀑布所經過之水量，其能力共有六百萬匹馬力，瀑布兩旁所建之發電廠，取用水力已達八十七萬匹馬力。最近有晉人陳耀觀君建議在龍王涎瀑布，建設極大水電廠，已呈送省政府核辦云。我山西壺口之水電業，誠能積極經營，將來用途之廣，不可勝計，電力灌田，特其一端，且電力有分佈性，現今電學技術之發明，能將高壓電流輸送達三百英里之遙，故山西陝西河南諸省遠隔之地，均可藉黃河之水力以灌溉。語云多難興邦，殷憂啓聖，倘因今茲北方之旱災而促成黃河上流偉大之建設事業，未始非民國歷史上至可紀念之一事也。

附錄

長江堤岸之修築

吾國長江爲亞洲第一大川也，北嶺以南南嶺以北諸水，靡不會此；源出青海巴顏哈喇山之南，山陰卽黃河源。上游曰木魯烏蘇，曲折東南流，經雲嶺山脈縱谷中，至雲南麗江縣，稱麗江，俗名金沙江；屈曲流，界四川雲南二省間，成一大曲；東入四川境，至宜賓縣，岷江自北來會，東經瞿塘峽巫峽，至湖北宜昌縣西之西陵峽，卽古稱三峽，巴山之脈束縛而成也。峽中灘多水急，至西陵峽以下，始漫爲平流。東經江西，安徽，江蘇，至吳松口入海，長九千九百六十里。江口有崇明島，口外爲黃海東海交界處，入江大水甚多，其著者在四川曰鴉礱江，嘉陵江，在湖北曰漢水；又有入江巨浸二，湖南之洞庭，江西之鄱陽是也。

長江流域，迴環浩瀚，綿延萬里，舟楫往來，輸運便利，農田灌溉，肥美豐饒，皆具有特殊之優點焉。惜輓近以來，失於修治，河身多所淤墊，每遇盛漲，潰決橫流，災荒遍地，無歲無之；而尤以民國二十年夏水災爲最奇重，東南各省，被災人數，約五千萬以上，被災面積，達三四十萬方里。國民政府爲拯救災情起見，特設救濟水災委員會，規劃經營，已有一載，并延聘工程師及技術事務人員數千人，招集災工百餘萬人，於是萬里江堤，始克告成。茲將其修築經過述之如下：

（甲）事前之規劃

水利工程設計，本非經長時期通盤籌劃不可，而我國承疲乏之餘，修治尤屬難能。自中央以至省縣，雖水利機關林立，固多龐大之計劃，而能見諸實施者則尠。水災會工賑處以救濟災黎，迫不及待，故於積水一退，立卽興工。其工程設計，示之如左：

（1）施工標準　是年水災區域，南自洞庭、鄱陽，中部江、淮、漢、運，北抵淝、澮、沱、潁、伊、洛諸河幹支兩岸潰決堤線，達數萬里；若一一修復，非財力所及。故就經濟狀況與救濟需要，擬訂施工標準六條：一、工賑範圍，以土工爲限；工程種類，以修復幹堤爲主，浚河洩水爲輔。二、修堤注重各主要河道之本屆洪水潰決部份。三、恢復原狀，或能抵抗如本屆之洪水爲度。四、舊堤之窳劣或有礙水道者，得略加修改；如加高培厚，裁彎取直。五、殘破舊堤，如土方不超過修整，得酌建新堤。六、爲宣洩積水起見，得開拓或溝通原有河道；而於揚子江堤岸，卽根據本屆洪水情形，自鎭江以上修起。

(2)測勘經過　水災會於二十年八月商請軍政部暨揚子江整委會，派員乘飛機測勘揚子江及洞庭鄱陽兩湖災區。運河水災流域，則由災區工作組職員乘機測勘。十月下旬，水勢稍殺，乃會同揚子江整委員導淮委員會湖南江蘇兩省建設廳湖北江西兩省水利局，分別測勘江、漢、淮、運、暨湘、贛、皖、各水堤防，對工程估計及施工計劃，始有依據。

(3)堤工標準　堤工分繕修及新築二種，由水災會技術委員會規定。高度爲高出洪水位一公尺，堤面寬三公尺至四公尺，兩側坡度外坡一比二，（堤高十尺堤長三十尺）內坡一比五，較諸舊堤坡度僅爲一比一者改進甚多。并擬訂堤工須知二十條，關於堤岸造土加夯（以石鎚堅新土）驗收監察（如戴帽穿靴，卽爲加堤頂堤脚等弊之防止）等項，均有詳細規定。

(4)濬河計劃　江蘇裏下河各地（鹽城與化東臺等縣）形如釜底；每遇大水，江淮難容，惟注於此。原有五港，曲折淤塞，故於裏下河之五港，及豫東之潁河，沙河；淮泗間之北淝各河，疏濬淤淺，裁直曲折，溝通阻塞，以洩積水。河岸坡度，隨地而異，大率爲一比二·五，亦有一比三，與一比二者。

（乙）施工之經過

水災會災區工作組設工程處，內分工務，技術兩課，外設工賑局十八區。本預定二十一年六月結束，以數處工程未克竣事，特延至九月移歸全國經濟委員會接辦。

（1）分區設局　該會爲便於管理及實施起見，特按照各河系範圍之大小與災情之輕重，分爲十八區。計揚子江七區，淮河三區，漢水二區，裏下河三區，湘沅伊洛蘇運各一區。除裏下河之第十五區因計劃變更設置三所，分隸於第十六，十七兩區，及湘沅第十區，委托湖南水災善後會代辦外，其餘十六區，均設立工程局，各置工程師兼局長，及副工程師，技術員，事務員等，區以下，視工程之大小，分爲若干段，每段置副工程師兼段長，及技術事務等員。段以下分爲十團，每團置監工，副監工。團分二十排，每排災工二十五人，擇其能者爲排頭。

（2）修復堤工　水災會以工代賑，修復堤岸，居全部工程之大半。除第十六，十七兩區濬河，及第十二十八兩區中，有一部份爲濬河外；其餘悉爲築堤。內第十區洞庭湖系，爲湖南水災委員會代辦，完成土方九百四十二萬六千零五十市方，發麥二萬二千五百噸，修復堤岸約長三千公里餘。由該會工賑處主辦者，計堤岸長四千三百九十八公里，完成土方一千八百一十萬餘方，實發麥糧十九萬六千八百餘噸。事務用費一百四十六萬餘元。平均修築每公里堤岸，發麥四十七噸，用費三百三十元。災工最少時三十餘萬人，最多時達百萬人。

（3）濬河洩水　豫東，皖北及江北裏大河各區濬河河道及裁彎取直，共渡河三百八十七公里，完成土方三百五十四萬方，實發麥糧二萬三千七百噸，事務用費十八萬一千九百餘元，平均每公里發麥八十三噸，用費六百三十四元。因濬河較築堤之工程爲煩艱也。又水災會工賑範圍本以土工爲限，其他一切石土混凝土工，均歸地方政府辦理。惟各省受水患之後，財力竭蹶，集款甚艱，而豫皖各局所築堤防，實有增築涵洞，酌添石工之必要。乃於預算麥糧內撥款，於皖淮建築涵洞二十四處，伊洛沙潁四河，添築石土十里。

（4）麥代工資　水災會曾向美國貸麥四十五萬噸，以三十萬噸用於工賑。就各區測估結果，經技術委員會決定各區分配數目，於浦口，蕪湖，安慶，漢口，九江，設麥糧總站，各地約設一二三等分站，由運輸組主持運送儲存發放事宜。至災民工作，按所做土方之多寡，給予工資。給付標準爲：(一)平地取土，每市方二角五分至四角。(二)取土在五十公尺以外，每二十公尺，每方酌加五分；深處取土，高處落土，每高深一公尺，每方酌加三分。每星期由技術員督察監工收土方一次，而填具領麥憑單，由排頭向糧站領取。

至於工賑效果，亦附述於此。查二十年大劫之後，哀鴻遍野，慘不忍覩！自工賑實施以來，勤者日可得麥七八斤，少則四五斤；直接收容災工，達一百零六萬名，間接藉以生存者，數當千萬。二十一年伏汛激漲，雖水勢較遜於二十年；然幸各區堤工進行，均已修至洪水位以上，始免重罹巨災。自鎮江，蕪湖，保全田畝三千餘萬畝；湖北金口大堤築成，民田豐收者一百餘萬畝，皖北各縣，收益田畝一千一百餘萬畝；江蘇裏下河沿海一帶，自洩水工程完竣後，可開墾者，有五百餘萬畝。二十一年秋收豐登，水利工程之興修，未始非一原因也。

此外尚須注意之一點，即應擬訂堤工專法是也。蓋各堤雖告修復，(淮河流域爲新築)倘不加注意，損壞極易。而吾國歷代相承，尤有人存政舉，人亡政息之習，事過境遷，即了不介意；則前年爲救濟水災，用費八千餘萬，用於工賑亦二千餘萬金，等於擲諸虛牝。查歐美各國，均訂有堤工專法；如樹木之禁伐，車輪之取締等，我國獨賦缺如。望我當軸從速仿辦，以固堤工。

第三章　歷代糧食流通政策

第一節　移民移粟

禮記王制曰：「王者之法，民三年耕而餘一年之食，九年耕而餘三年之食，三十歲而民有十年之蓄，故禹水八年，湯旱七年，甚也野無青草而民無饑色，道無乞人，歲復之後，猶禁陳耕，古之爲天下誠有其也。王者之法，國無九年之蓄謂之不足，無六年之蓄謂之急，無三年之蓄，曰，國非其國也。」由是可知積穀爲古時備荒䘏貧之要政也。蓋官府預存穀米於倉，倉名常平，此常法也。若歲大饑，則減價出糶，以濟民食；不起則動帑告糴於鄰省，或移災民就食他所。故孟子曰：「河內凶，則移其民於河東，移其粟於河內，河東凶亦然。」此之謂也。吾國古時移民移粟之事，史不絕書，茲略引之如左：

移粟就民——周禮大荒大札，則令邦國通財舍禁弛力薄征緩刑。鄭康成曰：「大荒，大凶年也，大札，大疫病也，移民避災就賤，其有守不可移者，則輸之穀。」隱六年京師來告急，公爲之請糴於宋衞齊鄭，禮也。莊二十八年冬饑，臧孫辰告糴於齊，禮也。（董熠曰春秋之時，諸侯稱地專封，然同盟之國，猶有救患分災之義，未嘗遏糴也。）僖十二年冬，晉薦饑，使乞糴於秦。百里奚曰：「天災流行，國家代有，救災恤鄰，道也，行道有福。」秦於是輸粟於晉，自雍及絳相繼，命之曰汎舟之役。僖十四年秦饑，乞糴於晉，晉人不與。僖十五年晉侯及秦伯戰於韓；獲晉侯，云晉饑秦輸之粟，秦饑晉閉之糴，故秦伯伐晉。此爲吾國因民食問題而發生國際戰爭之始。僖十五年晉又饑，秦餼之粟，秦伯曰：「吾怨其君而矜其民。」定五年蔡饑，魯歸之粟。自茲以後，史書絕鮮記載。逮及漢武帝元鼎元年，詔曰：「京師雖未爲豐年，山林池澤之饒，與民共之，今水潦移於江南，迨隆冬至，朕懼其饑不活，方下巴蜀之粟致之江陵，遣將士等分行告所抵，無令重困吏民，有賑饑民免其死者，具舉以聞。」又宋哲宗紹聖四年，兩浙饑，移粟振貸。餘未見，茲姑從略。

移民就粟——周禮：「旅師中士六人，下士八人，府二人，史四人，胥八人，徒八十人。」所謂旅師者，掌聚野之糶粟屋粟閒粟也。又曰：「若食不能人二鬴，則令邦移民就穀。」秦始皇二十六年徙民於河北榆中三萬戶，二十八年徙黔首三萬戶瑯琊臺下。漢高祖二年關中大饑，令民就食蜀漢。五年九月徙諸侯於關中，九年十一月徙郡國富豪於長安。景帝元年以歲不登，聽民徙寬大地。武帝建元二年作茂陵邑，三年河水溢於平原大饑，賜徙茂陵者戶錢二十萬；元朔二年夏募民徙朔方十萬戶，又徙郡國豪傑及貲三百萬已上於茂陵；元狩五年徙天下奸猾吏民於邊，元鼎二年山東被河菑及歲不登，令饑民得流就食江淮間，六年分武威酒泉地置張掖燉煌郡徙民實之；太始元年徙郡國吏民豪傑於茂陵雲陽。昭帝始元三年秋募民徙雲陵，賜錢田宅，四年夏徙三輔富人於雲陵，賜錢戶十萬。宣帝本始元年春正月募郡國吏民貲百萬以上徙平陵，二年春以水衡錢為平陵徙民起第宅，元康元年徙丞相將軍列侯吏二千石貲百萬者於杜陵，成帝鴻嘉二年夏徙郡國豪傑貲五百萬以上五千戶於昌陵，賜丞相御史將軍列侯公主中二千石冢地第宅。王莽時南方枯旱，……流民入關者數十萬人，置養贍院以廩之，吏盜其廩，饑死十七。後漢光武建武十五年徙雁門代郡上谷三郡民置常山關居庸關以東，二十六年雲中五原朔方北地定襄雁門上谷代郡八郡民歸於本土，遣謁者分將施行，補理城郭，發遣邊民，在中國布還諸縣，皆賜以裝錢，轉輸給食。魏文帝改長安譙許昌鄴洛陽爲五都，令天下聽內徙復五年後又增其復。齊王以明帝景初三年正月卽位，六月以遼東東沓縣吏民渡海居齊郡界，以故縱城爲新沓縣以居民；正始元年二月以遼東汶北豐縣民流徙渡海，居齊郡之西安臨淄昌國縣界爲新汶南豐縣，以居流民；嘉平四年關中饑徙農夫佃上邽。蜀主建興十四年徙武都氐王苻建及氐民四百餘戶於廣都。晉武帝太康中杜預爲征南將軍初伐吳軍至江陵，因兵威徙將士屯戍之家，以實江南北郡故地各樹之長吏，荊土肅然。宋文帝元嘉二十二年武陵王駿討緣沔蠻，移一萬四千餘口於京師，二十三年遷漢川流民於沔次，二十七年使太子步兵校尉沈慶之自彭城徙流民數千家於瓜步，征北參軍程天徙江南流民於南州亦如之，二十八年冬徙彭城流民於瓜步，淮南流民於姑孰合計萬家。孝武帝大明中孔靈符爲丹陽尹，山陰縣土境褊狹，民多田少，靈符表徙無貲之家於餘姚鄞鄮三縣界，墾起湖田。後魏道武帝天興元年正月徙山東六州民吏及徙河高嚴雜夷三十六署百工技巧千萬口以充京師，二月詔給內徙新民耕牛計口受田，十二月徙六州三十二郡守宰豪傑吏民二千家於代都，二年陳留郡河南流民萬餘口內徙，遣使者仍勞之。明元帝泰常三年徙冀定幽三州民於京師，延和元年車駕征馮文通，徙成邸成周遼東樂浪帶方元菟六郡民三萬家於幽州，開倉以賑之。太平眞君六年徙青齊之人以實河北。七年徙長安城內工巧二千家於京師，獻文帝皇興三年徙青州齊民於京師。孝文帝太和十九年詔遷雒之民葬河南不得遷河北，於是代人南者悉爲河南雒陽人。北齊神武帝爲魏相命孫騰高隆之分括無籍之戶得六十餘萬，於是僑居者各勒還本屬。文宣帝天保八年議徙冀定瀛無田之人遷於幽州范陽寬鄉之處，百姓驚擾。後周武帝建德三年以歲饑，詔移饑民就食，六年十二月行幸并州宮，移并州軍人四萬戶於關中，宣武帝正始元年以苑牧公田分賜代遷之戶，宣帝大象元年詔曰：「洛陽舊都，今已修復，凡是元遷之戶，并聽還雒州，此外諸民欲往者亦任其意。河南幽相豫亳青齊七總管受東京六府處分。隋文帝開皇十四年關中大旱人饑，上率戶口就食於洛陽。當時移民慘狀，文獻逌攷紀之綦詳，不忍卒讀，如云：「關中大旱民饑，上遣左右視民食得豆屑雜糠以獻，爲之流涕，不御酒殆將一朞，乃帥民就食於洛陽，敕斥堠不得輒有驅逼，男女參廁於仗衛之間，遇扶老攜幼輒引馬避之，慰勉而去，至艱險之處，見負擔者令左右扶助之。」煬帝大業元年三月丁未詔宇文愷營建東京，徙預州郭下居民以實之；又詔徙天下富商大賈數萬家於東京。唐高宗開耀元年河南北大水，許遭水處往江淮以南就食。武后天授二年七月二十四日徙關外雍同泰等七州戶數十萬以實洛陽。元宗開元十六年十月敕州客戶有情愿屬緣邊州者，至彼給良沃田安置，仍給永年優復，宜令所司即與所管客戶州計會召取愿者，隨其所樂，其數奏聞。宋仁宗慶曆八年河朔大水，民就食京東者不可勝數，知青州富弼勸所部民出粟益以官廩，擇公私廬舍十萬餘區，散處其人，以便薪水，官吏自前資待缺寄居者皆賦以祿，使即民所聚選老弱病瘠者廩之，仍書其勞，約他日爲奏請受賞，率五日輒遣人持酒肉飯糗慰藉，出於至誠，人人爲之盡力，山林陂澤之利，可資以生者，聽流民擅取，凡活五十餘萬人，募爲兵者萬計。流民死者爲大冢葬之，明年麥大熟，民各以遠近受糧歸。元世祖中統二年以諸路饑遷貧民就食河南；至元七年諸路蝗旱，告饑者令就食他所；二十六年諸路災傷處給米蠲租，并移饑民就食他所。明太祖洪武二十一年八月戶部郎中劉九皋言：「古者狹鄉之民遷於寬鄉，蓋欲地不失利，民有恆業，今河北諸處自兵後田多荒蕪，居民鮮少，山東西之民，自入國朝生齒日繁，宜令分丁徙居寬閒之地，開種田畝，如此國賦增而民生遂矣。」上諭戶部侍郎楊靖曰：「山東地廣民不必遷，山西民衆宜如其言，於是遷山西澤潞二州民之無田者往彰德眞定臨清歸德太康諸處閒曠之地，令自便置屯耕種，免其賦役三年，仍戶給鈔二十錠，以備農具。二十二年四月己亥朔命杭湖溫台蘇松諸郡民無田者許令往淮河迤南滁河等處就耕，官給鈔戶二十錠，使備農具，免其賦役三年。二十五年十二月辛未，後軍都督府都督僉事李恪徐禮奏山西民徙居彰德衛輝懷慶廣平大名東昌開封凡五百九十八戶。三十五年九月乙未，命戶部遣官覈實山西太原平陽二府澤潞遼沁汾五州丁多田少及無田之家，分其丁口以實北平，各府州縣仍戶給鈔使置牛具種子，五年後徵其稅。成祖永樂元年八月甲戌簡直隸蘇州等十郡江浙等九布政司富民實北京。二年九月丁卯徙山西太原平陽澤潞遼沁汾民一萬戶實北京。四年給粟賑六府流徙復業民戶。清康熙十七年歲饑，饑民就食多聚京師，令增設煮糜救饑。

以上所舉，均根據吾國史書之記載，歷代移民之趨勢，可窺一斑已。況流民移徙，誠當安集勞來，願今後當局多致力於斯焉。

第二節　均輸

均輸者，平均輸送也；易言之，甲地之食料（或其他貨物）過剩，價格低廉，政府即照價收買貯藏之；若遇乙地缺乏食料時，即運輸該地出售。於是兩地食料得以調節，相互保持平衡狀態，而政府於無形中獲得不少贏利，此所謂均輸法也。

攷其原始，起於黃帝九章算術：「一曰方田，以御田疇界域……六曰均輸，以御遠近勞費。……」（按此書爲中國最古之算法，亦稱九數，係昔黃帝命隸首所作。（見周官義疏））周書大聚篇：「市有五均，早暮如一，送行逆來，振乏救窮，資賤物，出貴物，以通其器。」樂語：「河間獻王所傳道五均事，言天子取諸侯之書以立五均，則市價無二，四民常均，強者不得困弱，富者不得要貧，則公家有餘，恩及小民矣。」此其意，亦即本於周書也。所謂「送行」者，即此處所有賤價之物，爲政府出資收買，運輸以出，故曰「送行，」又曰「資賤物。」所謂「逆來」者，即此處所需價貴之物，政府由他處運輸以入，故曰「逆來，」又曰「出貴物。」一送一逆，全賴政府運輸；一貴一賤，全賴政府均調。自均輸施行以後，物價不致為奸商所操縱而生甚貴甚賤之弊竇，比較的可驅之於劃一。物價劃一，物量平衡，人民受惠不淺矣。

均輸之法，創自軒轅，周代曾經一度之施行，嗣後則未之聞。及至漢元鼎二年，桑弘羊拜為大農丞，時年二十有七（據朱希祖桑弘羊年表）平準書記其事曰：

「桑弘羊為大農丞，筦諸會計事，稍稍置均輸以通貨。」又曰：「始令吏得入穀補官，郎至六百石。」

均輸如何施行？據史記平準書集解引孟康之言曰：

「謂諸當所輸於官者，皆令輸其土地所饒，平其所在時價，官更於他處賣之。輸者既便，而官有利。」

細繹其意，即謂就諸羣國所當輸於官者，無論其為錢為物，皆應改折以當地出產價廉之物輸官；官為轉輸於他處價貴之區售之，國家不費資本，就各地應出之貢賦租稅，以購所饒，輾轉貿易，而其價數倍，此所以「民不加賦而國用饒」矣。至均輸施行後，社會上發生何種實際之影響？

吾人在鹽鐵論中可以得知本議篇：「隴蜀之丹漆旄羽，荊揚之皮革骨象，江南之柟梓竹箭，燕齊之魚鹽旃裘，兗豫之漆絲絺紵，養生送死之具也，待商而通，待工而成。故聖人作爲舟楫以通川谷，服牛駕馬以達陵陸；致遠窮深，所以交庶物而便百姓。是以先帝開均輸以足民財，罷之不便也。」通有篇：「東方丹章有金銅之山，南方交趾有大海之川，西方蜀隴有名材之林，北方幽都有積沙之地，此天地所以均有無而通萬物也。今吳越之竹，隋唐之材，不可勝用；而曹魏梁宋采官轉尸。江湖之魚，萊黃之鮐，不可勝食；而鄒魯周韓藜藿蔬食。天下之利無不贍，而山海之貨無不富也。然百姓匱乏，財用不足，多寡不調，而天下財不散也。」力耕篇：「今山澤之財，均輸之藏，所以御輕重而役諸侯也。汝漢之金，纖微之貢，所以誘外國而釣羌胡之寶也。夫中國一端之縵，得匈奴累金之物，而損敵國之用；是以贏驢馲駝，銜尾入塞，驒騱騵馬，盡爲我畜，鼲鼦狐貉，采旃文罽，充於內府，而璧玉珊瑚瑠璃，咸爲國之寶。是則外國之物內流，而利不外泄也。異物內流則國用饒；利不外泄，則民用給矣。」觀此可知國家如施用均輸法，不特可解決民食問題，且可發展國內商業，進而又可經營國外貿易耳。迨及昭帝時，頗招一般人之誹議。通典：「孝昭即位，霍光輔政，令郡國舉賢良文學之士，使丞相御史相與語，問以人所疾苦。文學曰「古之賦稅於人也，因其所工不求其拙，農人納其穫，工女效其職。今釋其所有責其所無，百姓賤賣貨物以便上求。間者郡國或令作布絮，吏恣留難，與之爲市，吏之所入，非獨齊陶之縑，蜀漢之布也，亦人間之所爲耳，行姦賣平，農民重苦，女工再稅，未見輸之均也。縣官猥發，闔門擅市，則萬人並收，並收則物騰踊，騰踊則商賈牟利，自市則吏容姦豪，而富商積貨儲物以待其急，輕賈姦吏收賤以取貴，未見準之平也。蓋古之均輸所以齊勞逸而便貢輸，非以爲利而賈物……」蓋實情也。

王莽篡漢後二年，於長安及五都立五均官。詔曰「夫周禮有賒貸，樂語有五均，傳記各斡焉。今開賒貸，張五均，設諸斡者，所以齊衆庶抑兼幷也。遂於長安及五都立五均官……」其目的在收滯貨，平物價，藉以均衆庶而抑兼幷。所惜莽室不長，此制旋廢，斯可憾耳。（參看本編第三章第三節平糴制度）

後漢章帝時，復行均輸之法，尚書僕射朱暉曰：「按王制天子不言有無，諸侯不言多少，食祿之家不與百姓爭利。今均輸之法與商販無異，非明主所宜行」。帝不從，其後用度益奢。（通典）

宋神宗熙寧二年，王安石拜參知政事。制置三司條例司，始制均輸之法，以通天下之貨，制爲輕重斂散之法，使富商大賈不得乘公私之急以擅其權。假發運使以錢貨，（均輸法者以發運之職改爲均輸。）資其用度，俾周知財賦有無而移用之，得以徙貴就賤，用近易遠，預知所當供辦者從便變易蓄買，以待上令。法既行，當時名流如韓琦司馬光等皆論其不便，安石毅然不顧，然卒以正人援贊之者少，終歸失敗。

此歷代均輸法之大略也。至其得失如何，前人已有論及。蘇東坡曰：「均輸立法之初，其說尙淺，徒言徙貴就賤，用近易遠。然而廣置官屬，多出緡錢，豪商大賈皆疑而不敢動，以爲雖不明言販賣，然既許之變易，變易既行，而不與商賈爭利，未之聞也。夫商賈之事，曲折難行：其買也先期而予錢，其賣也後期而取其直。多方相濟，委曲相通，倍稱之息，由此而得。今官買是物，必先設官置吏，簿書廩祿，爲費已厚，非良不售，非賄不行，是以官買之價比民必貴；及其賣也，弊復如前。……」觀此，可知不在均輸法本身之弗良，而在任事者是否忠於其職耳。

第三節　禁止輸出

我國在滿清以前，向爲閉關自守時代，與國際貿易上不生若何關係，食糧自無輸出外洋之可能。但自清咸豐以後，我國外交事事失敗，舉凡放棄國權，割地賠款等，無不孜孜樂爲之；獨於米穀一項之國際關係，仍兢兢然不敢少寬。如清咸豐八年中英天津條約第二十六條追加條例第五款，訂定「凡米穀等糧，不拘內外土產，不分何處進口者，皆不准運出外國，其進口無庸納稅，」其他中法，中美，中德通商條約，亦均規定此項明文。光緒七年改訂中俄陸路通商章程第十五條，十一年中法會議越南邊界章程第十五條，十七年中英續議滇緬條約第十一條，亦規定「中國米穀，不准販運出邊關。」光緒二十二年現行中日條約第九條，幷規定中英天津條約日本亦適用之。此爲我國近代禁止糧食輸出之大概也。

第四節　禁止閉糴

吾國幅員遼闊，氣候不同，甲地不報災，則乙省報災；南方無水潦，則北省有旱魃。益以交通不便，接濟困難，故糧食風潮，無年不起，貧民之入餓鬼錄者，亦無年不有焉。救濟之法維何？曰即振興水利，流通糧食是也。撰諸史乘，班班可考：

周制荒政十二，六曰去幾。註、謂其去稅，使百貨流通也。僖十三年冬，晉荐饑，使乞糴於秦，百里奚曰：「天災流行，國家代有，救災卹鄰，道也，行道有福。」晉饑，秦輸之粟，秦饑，晉閉之糴，故秦伯伐晉，而春秋誅之。定十五年，蔡饑，魯歸之粟。漢宣帝本始四年，以歲不登，詔丞相以下至都官令丞上書入穀，輸長安倉，助貸貧民，民以車船載穀入關者，得毋用傳。晉武帝泰始二年，令通糴，唐文宗太和三年，以旱下通糴之詔；八年，詔亦如之。懿宗咸通七年，詔年穀不稔，有無須通，所在州縣，不得閉糴。即以省而論，湖南糧食向不出省，至是始行流通。舊唐書卷一百一十九云：「湖南舊法，豐年貿易不出境，鄰郡災荒不相恤。崔倰至，謂屬吏曰：「此非人情也，無宜閉糴，重困於民也。」自是商賈流通。」後周太祖廣順元年禁閉糴。宋仁宗嘉祐四年，詔轉運司凡鄰州饑而輒閉糴，以違制論。孝宗淳熙七年九月禁諸路遏糴。黃震知撫州，二月饑，集富民耆老大書閉糴者籍，強糴者斬，不抑米價，集分有方，全活者甚衆。辛棄疾帥湖南，賑濟榜文祇用八字曰：「刦禾者斬，閉糴者配。」董煟亦曰：「嘉祐四年諫官吳及言春秋之時，諸侯相傾，竊地專封，固不以天下生靈爲憂，然同盟之國，有救患分災之義，秦饑晉閉之糴，而春秋誅之。聖朝恩施動植，視民如傷，然州縣之間官司，各專其民，擅造閉糴之令，一路饑則鄰路爲之閉糴，一郡饑則鄰郡爲之閉糴。夫以上所宜同國休戚而宣布主恩，坐視流離又甚於春秋時，豈聖朝所以子育兆民之意者，故丁丑詔諸路轉運司，凡鄰郡災傷而輒閉糴者，以違制坐之。」當時遏糴情況可見一斑矣。其又論閉糴之害曰：「天下一家，饑荒亦有路分，今鄰郡以吾境內豐稔而來告糴，義所當恤。此宜物色上流豐熟去處，勸誘大姓或本州發錢差人轉糴，循環糴販，非惟可活吾境內之民，又且可活鄰郡鄰路之饑民，尙何難糴之有。脫使此間之米，不許出吾界，他處之米亦不許入吾界，一有饑饉，環視壁立，無告糴之所，則飢民必起而作亂。」（救荒活民書）此論頗得要領，吾望今之爲政者其熟思之。明因襲舊制，屠隆荒政考云：「淳熙降旨諸路監司，不許遏糴，今朝廷宜敕監司憲臣出榜曉諭，不許諸路有司遏糴，違制者覺察申奏。夫脣齒相倚，首尾相應，災變流易，緩急有賴也。」此有清以前禁遏糴之大概也。

然自滿清以後，糧食流通政策，吾人亦須待考察者。咸豐八年中英天津條約追加第五款，并規定英國商人，由中國此港運米穀往彼港時，須依照稅則納稅，其時國內之米穀貿易，尙可自由。光緒二十八年改訂中英條約第十四條，規定當饑饉時，一切米穀，除依特別規定外，英商不准由中國此港移往彼港，然在豐年或平年時，仍准一般商人自由運輸。至光緒三十一年，定運米出省章程及稽查私運米石章程，始實行「秦越相視」之政策，無論何時，除特別規定外，均不准運米出省。於是民國元年江蘇有限制運米出省之例，規定豐年時米商運出，亦須得本省行政長官許可，并課以稅金。此外於江西湖南等省，特准運米出省時，每石徵抽銀少則四五角，多則一元一角。又其甚者，如粵省各屬稍有不足，各自爲政，不容彼此相通，洵可怪也。

第五節　歷代漕運

在戰爭時，最重要者，爲運糧問題。卽在和平時，京中之糧食，亦專賴各處供給。以吾國數千年來交通之不便，而糧食之需要，又爲刻不容緩之圖，故漕運關繫民食至鉅。漕運者東南各省輸粟以供西北也。而考其源始最早見於秦，秦欲攻匈奴，使天下飛芻輓粟，可名曰運糧法之始。是以渭北爲中國財賦之區，史記貨殖傳云：「關中之地，於天下三分之一，而人衆不過什三，然量其富，什居其六」。此秦漢間之情形也。至漢武帝時，因鄭當時建議，派徐伯表率數萬人，穿漕渠，費三年之功，而漕運大通。桑弘羊領大農時，以京城缺糧之故，每年由山東運入米六百萬石，漕運效用，如斯大著，歷代因之，以供京師兵食。後漢光武帝北征，命寇恂守河內，收四百萬斛以給軍，以輦車驪駕，轉輸不絕。明帝永平十三年汴渠初成，河汴分流，復其舊跡。隋文帝開皇三年以京師倉廩尙虛，議爲水旱之備，詔於蒲陝虢熊伊洛鄭懷邠衞汴許汝等水次十三州置募運米丁，又於衞置黎陽倉，陝州置常平倉，華州置廣通倉，轉相灌注，漕關東及汾晉之粟以給京師。四年又詔宇文愷率水工鑿渠引渭水自大興城東至潼關三百餘里，名曰廣通渠，轉運通利，關內便之。七年夏四月於揚州開山陽瀆（卽今運河）以通運糟。（隋書）煬帝大業元年發河南諸郡開通濟渠，自西苑引穀洛水達於河，又引河通於淮海，自是天下利於轉輸。四年又發河北諸軍百餘萬穿永濟渠，引沁水南達於河，北通涿郡，七年發江淮以南民夫及船運黎陽及洛口諸倉米至涿郡，軸轤相次千餘里。

（通鑑隋紀）其時南至餘杭，北至淹郡，西至洛陽，皆可以舟航直達焉。唐代以後，則以江東爲最。權德輿云「天下大計，仰於東南。」唐書食貨志：「唐都長安，而關中號稱沃野，然其土地狹，所出不足以給京師，備水旱，故常轉漕東南之粟。」玄宗開元二十一年裴耀卿請罷陸運，而置倉河口，乃於河陰置河陰倉，河西置柏崖倉，三門東置集津倉，西置鹽谷倉，鑿山十八里以陸運，自江淮漕者皆輸河陰倉，自河陰西至太原倉，謂之北運，自太原倉浮渭以實京師，益漕魏濮等郡租輸諸倉轉而入渭，凡三歲漕七百萬石。自漢以來，至於斯世，漕運之數，無有踰於此者。資治通鑑唐紀：德宗貞元二年關中倉廩竭，禁軍或自脫巾呼於道曰：「拘吾軍而不給糧，吾罪人也！」上憂之甚，會韓滉（江淮轉運使）運米三萬斛至陝，上喜遽至東宮，謂太子曰：「米已至陝，吾父子生得矣！」故至唐代漕運始爲國之大事，設官以專責成，運道由河由海，隨時改變。夫漕運之事，以沿途有軍船夫役之勞，困亦病民，然因此而交通便，攜運貨物便，營商亦便，此則其產生之裨益。如唐天寶初，四方之舟，畢萃於長安城下，並展其各地產物以資觀瞻，亦彼時之盛舉也。（見舊唐書韋堅傳）宋建都汴京，恃汴河爲運道，汴河橫貫中國，而通黃河，南達江淮，東南漕米由此而進，故宋人言汴河爲建國之本。（見顧祖禹讀史方輿紀要卷四十六）范仲淹亦云：「蘇常湖松膏腴千里，國之倉庾也。」元代則官吏商賈幷造巨船運貨於河中：仁宗延祐二年省臣言江南行省起運諸物由會通河以達於都，多踰期不至。詰其故，皆言始開河時，止許行百五十料船；近來權勢之人，幷富商大賈貪嗜貨利，造三四百料或五百料船於此河行駕，以致阻滯往來舟楫。（元史紀事本末）當時又創開海運之制，由南方抵燕都，計程一萬三千三百五十里。（大元海運紀）明淸因襲之，亦史上之盛事也。因運河之開通，而商旅輻輳，明時乃於沿河要區設關徵稅焉。（明史食貨志）元明淸三朝，南米漕運，每年平均四百萬石。明代南京國子監祭酒顧起元著客座贅語一書，其議糴一條有云：「金陵百年來，穀價雖翔貴至二兩或一兩五六錢，然不踰數時，米價輒平，從未有若西北之斗米數百錢，而饑饉運歲，至嚙木皮草根砂石以爲糧者，則以倉庾之積貯猶富，舟楫之搬運猶易也。」淸季漕糧用官收官兌之制，其擾民究較前代爲淺。惟經理漕運之官吏，則不免因之加多，所耗甚鉅；而船舶之建造修繕，兵丁之沿途騷擾，地方官吏之供給，運河水道之疏濬，每年所費爲數不貲。末年改爲折色，而政府收入，因之大增，是亦財政制度當然進化之現象矣。

要之，漕糧徵於各省，以輸送於北平，供官兵俸餉之用，在表面上似與民食政策上無若何之關係。殊不知漕運，須首先疏濬運河水道，而疏濬河道，於糧食輸運上頗稱便利焉。

第四章　歷代糧食調劑政策

第一節　中國倉制之沿革（上）

輕重之說，始於管子，管子曰：民有餘則輕之，故人君斂之以輕；民不足則重之，故人君散之以重。其後李悝得其術以相魏，每歲視上中下三熟以爲糴，卽視大中小三饑以爲糶，而平糴之說詳焉。常平義倉和糴者，又本於平糴之法也。自唐以後積貯非不豐盈，至宋又有結糴、寄糴、俵糴、均糴、博糴、兌糴、括糴諸名目，原其始意，未嘗不欲抑富賈囤積居奇之謀，而其旣也，或取以充他用，或取以給邊軍，甚至挪移補空，官自效商賈之爲，而利其積粟之入，於救荒全無實濟，大失常平之意矣。迄至清代因襲舊制，其在冀省則設有常平倉，鄉村則有社倉，市鎭則有義倉，近邊則有營倉，瀕海則有鹽義倉，所以預爲之備者無處不周矣。玆僅就貯穀一項，而論常平倉義倉社倉之沿革，以資參證焉。

第一項　義倉之沿革

義倉在吾國起源於隋文帝開皇五年，工等尙書長孫平奏摺云：

古者三年耕而餘一年之積，九年作而有三年之儲，雖水旱爲災，人無菜色，皆由勸導有方，蓄積先備。請令諸州百姓及軍人勸課當社共立義倉。收穫之日，隨其所得勸課出粟及麥，於當社造倉窖貯之，卽委社司執賬檢校，每年收積，勿使損敗。若時或不熟，當社有饑饉者，卽以此穀賑給。

此奏摺中所謂「勸課，」卽勸募之意，其所被勸課之人，當爲富者。又奏中所謂「時或不熟，當社有饑饉者，卽以此穀賑給。」受賑給者自以貧民爲限，且旣謂賑給，自無報酬，乃一種慈善之行爲，由此觀之，亦可明晰義倉之性質矣。又開皇十六年，隋文帝下詔云：

社倉（卽義倉，與以後所說社倉不同）準上中下三等稅，上戶不過一石，中戶不過七斗，下戶不過四斗。

長孫平奏摺中只謂「隨其所得勸課出粟及麥，」並未言附加在租稅內徵收，至開皇十六年，義倉米穀始開隨糧帶徵之先例。在勸募時，其所納多少，當由出捐者任意，且其倉庫之所在與管理，亦許地方人民參預；至於隨糧帶徵以後，則爲義倉所徵收米穀，亦不啻係一種租稅，自須純由官府管理而地方人民毫不能過問矣。

自隋以後，義倉制度歷代相仍，雖不免略有損益，而大體則不出乎隋代之範圍，試觀元趙天麟所上之策：

> 隋開皇五年，長孫平令軍民當社立義倉，至元（元朝年號）六年，亦每社立義倉，自是以來，二十餘年矣。然社倉（卽義倉）多有空乏之處。頃來水旱相仍，蝗螟蔽天，饑饉薦臻，四方迭苦，轉互就食，老弱不能遠移而殍者衆矣。彼隋立義倉而富，今立義倉而貧，豈今民不及隋民哉？臣試陳之；蓋計丁納粟之故也。伏望普頒明詔，詳諭農民，凡一社，立社長社司各一人，社下諸家共穿築倉窖一所，爲義倉。凡子粒成熟之時，納則計田產頃畝之多寡而聚之。凡納例常平，每畝粟率一升，稻率二升，凡大有年，聽自相勸督而增數納之；凡水旱螟蝗，

聽自相免；凡同社豐歉不均，宜免其歉者所當納之數。凡饑饉不得已之時，則計口之多寡而散之。凡出例、每口日一升；儲多則每口日二升，勒爲定體。凡社長社司掌管義倉，不得私用。凡官司不得拘檢借貸及許納雜色，皆有前詔在焉。如是則非惟共相振救，而義風亦行矣。

此奏章規定義倉辦法頗備，吾人由此可知古代對於義倉徵集米穀，尙有「計丁納粟」辦法。所謂計丁納粟者，卽按人口多寡徵集米穀，不問人民財產多少。斯法，不特對於徵收義倉米穀失當，卽對於徵收任何租稅，亦殊非公平之制。趙提出改正之固當。至其所陳述亦頗爲顯明，無待解釋。又宋景祐年間集賢校理王琪提議，請援照隋唐成例，復設置義倉，其奏章亦頗可參考，故錄之如下：

宜令五等以上戶計，隨夏秋二稅二斗，別輸一升，（卽每納夏稅二斗者別徵義倉米穀一升，隨糧帶徵。將戶口分爲五等，以次有差。）水旱減稅則免輸。州縣擇便地別置倉貯之，領於轉運使。（卽不和賦稅米穀混合，歸轉運使管轄。）今以一中郡計之，正稅歲入十萬石，則義倉歲得五千石，推而廣之，可備饑歉。兼幷之家占田廣，則義倉之入多，中下之家占田狹，則義倉所入少。及水旱賑給，則兼幷之家未必待此，而中下之民實受其賜。損有餘補不足，天下之利。

王琪後段所論正義倉捐富濟貧之意。按義倉之原理，幷非單純的救濟貧者，雖富者亦可受賑濟，但實際上富者多不仰給於此耳。

明太祖洪武初設預備倉（卽義倉），大明會典洪武初令天下縣分各立預備四倉，官爲糴穀收貯，以備賑濟，就責本地年高篤實人民管理。

後漸廢弛，宣德三年給事中宋徵言；

洪武中所糴郡縣預備倉穀，歉則散，秋成則還，數年來有司官吏與守倉之民，或假爲己有，或私貸與人，俱不還官，倉廒頹廢，宜令郡縣修倉徵收，以備荒歉。

觀此可知當時義倉積弊之一斑。

淸亦因襲古制置義倉。皇朝通考等書紀之頗詳，玆不贅述。

第二項　常平倉之沿革

司馬溫公云：「常平倉者乃三代聖王之遺法，」固未免太崇信古人；而在春秋時，已確有此種學說，則是有所考據者。

管仲云：「歲有凶穰，故穀有貴賤，令有緩急，故物有輕重。……民有餘則輕之，故人君斂之以輕；民不足則重之，故人君散之以重。凡輕重斂散之以時，卽準平。守準平，使萬室之邑必有萬鍾之藏，（每鍾六斛四斗）藏鏹千萬；千室之邑必有千鍾之藏，藏鏹百萬。……」

以上管子所謂「斂輕散重」卽賤時收買貴時售賣之意，所謂「準平，」卽使穀物之價格平均之意；所謂「萬鍾之藏，」與「千鍾之藏，」卽由官府設置倉庫貯藏米穀之意。豈非一種常平倉乎？迄戰國時，魏李悝之設施，乃完成常平倉之制度，如曰：

糴甚貴傷人（卽一般人）甚賤傷農。人傷則離散，農傷則國貧。故甚貴與甚賤，其傷一也。善爲國者，使人無傷而農益勸。是故善平糴者，必謹觀歲有上中下熟。上熟，其收自四，餘四百石（卽假定平歲每百畝收百五十石，今因大熟，可增收四倍，卽共收六百石；除去一年消費可餘四百石。以下準此解釋）中熟，自三餘三百石；下熟，自倍餘百石。小饑則收百石，（比平歲少收五十石，卽減收三分之一，以下準此解釋。）中饑七十石；大饑三十石。故大熟則上糴三而舍一，（卽由四百石中官府收買其三百石而舍其一百石。以下準此解釋。）中熟則糴二，下熟則糴一；使人適足價平則止。小饑則發小熟之所斂，中饑則發中熟之所斂，大饑則發大熟之所斂而糶之。故雖遇饑饉水旱，糴不貴而人不散；取有餘以補不足也。

吾人觀李悝斯種辦法，豈非完全一種常平倉制度乎？後世言常平倉者，諒亦不出乎悝說之範圍耳。惟當李悝時代，常平倉一名詞，尚未成立，及至漢宣常五鳳年間，連年豐收，穀至石五錢，農人少利，不堪其苦。當時大司農中丞耿壽昌建議，請帝下令各邊郡皆築倉，以穀賤時增其價而糴以利農，穀貴時減價而糶以便民。斯種倉庫謂之常平倉。（漢書）

後漢明帝永平五年作常平倉。後漢書劉般傳「……以爲常平，外有利民之名，而內有侵刻百姓，豪右因緣爲姦，小民不得其平，置之不便。」常平起於孝宣之時，蓋至東漢而其弊已如此矣。

六朝時代，如晉，齊，後魏，北齊，後周均先後設置常平倉，惟後周文帝創制六官，司倉掌辨九穀之物。以量國用。足蓄其餘以待凶荒，不足則止……

隋唐以來，亦因襲此制。隋書：「文帝開皇三年，京師置常平監。」唐會要：「高祖武德元年，詔置常平監官；高宗永徽六年，京東西二市置常平倉；玄宗開元七年，關內隴右河北河南五道，及荊揚襄夔綿益彭蜀資漢劍茂等州，幷置常平倉。」此隋唐間情形也。

宋初置常平倉，神宗熙寧二年，王安石變法，訂青苗法，廢常平倉，所謂青苗法者，頗有類於官辦之勸業銀行也。宋史食貨志上之四載其緣起云：

熙寧二年，制置三司條例司言，諸路常平廣惠倉錢穀，略計貫石可及千五百萬貫石以上，斂散未得其宜，故爲利未溥。今欲以見在斛斗，遇貴量減市價糶，遇賤量增市糴，可通融轉運司苗稅及錢斛，就便轉易者，亦許兌換，仍以見錢。依陝西青苗錢例，願預借者給之，隨稅輸納斛斗，半爲夏料，半爲秋料，內有請本色或納時價貴願納錢者，皆從其便。如遇災傷，許展至次料豐熟日納，非惟足以待凶荒之患，民既受貸，則兼幷之家不得乘新陳不接以邀倍息。又常平廣惠之物，收熟積滯，必待年儉物貴，然後出糶。所及者不過城市游手之人，今通一路有無，貴發賤斂，以廣蓄積，平物價，使農人有以赴時趨事，而兼并不得乘其急。凡此皆以爲民，而公家無所利其入，是亦先王散惠興利以爲耕斂補助之意也。欲量諸路錢穀多寡，分遣官提舉，每州選通判幕職官一員，典幹轉移出納，仍先自河北京東淮南三路施行。俟有端緒，推之諸路。其廣惠倉除量留給老疾貧窮人外，餘并用常平倉轉移法。詔可。既而條例司又言常平廣惠倉條約，先行於河北京東淮南三路，訪問民間，多願支貸，乞遍下諸路轉運司施行。

此青苗法之大略及其施行之緣起也。名曰青苗者，蓋當時陝西轉運使李參，以部內多戍兵而糧儲不足，令民自隱度麥粟之贏，先貸以錢，俟穀熟還官，號青苗錢。經數年，廩有餘糧。至是仿行之，故襲其名也。安石之懷此政策久矣，其少作寓言詩，既有此意，及爲鄞令，復行之而有效，及其當國，乃欲舉而措之於天下也。竊嘗論之，無論何國，無論何時，彼力田之民，能終歲勤動者，苟非有水旱之災，則所入恆足以自贍，而以數年之通，則必能有所羨餘，以爲冠昏喪祭之計。然而往往不然者，則緣初時母財不裕，牛種之資，以及青黃不接時食指之所需，不能不稱貸於豪右。或遇偏災而又貸焉，或遇嘉凶諸禮而又貸焉，而豪右乘其急以持其短長，於是一歲所入見蝕於息者泰半，及夫來年，其不能不擧債如故也。債日以重，息日以加，而終歲之勤動，遂爲豪右作牛馬走已耳。此民之所以日悴，而國民經濟之所以日蹙也。在昔泰西之希臘羅馬，富者往往貸金穀於貧民，其後負債日重無以爲償，則鬻身以爲之奴，泰西古代奴隸之多，蓋起於此，歷數千年，此制終無由革。西紀一千五百年以降，各國政府，紛紛以法律定取息之率，逾率者罪之，然其不能禁如故也。及近世銀行制度興，此弊始稍蘇，其效不能及於農民。近數十年來，有所謂勸業銀行農工銀行信用組合等，利漸溥矣，然猶未能盡人而蒙其澤也。故此貧富不均之問題，實爲數千年來萬國所共苦而卒未能解決之一宿題；而欲解決之，則非國家振其樞焉而不可得也。其圓滿之解決法，則如吾國古代之所謂井田，如泰西近世所謂社會主義，使人民不得有私財是也。未能圓滿而思其次，則國家設貸貣之機關而自當其衝，使豪右居奇之技無所得施，則安石所計劃者是也。吾國之前乎安石而爲此者，亦有人焉，景公之於齊，子皮之於鄭，司城子罕之於宋，皆以斯道得民，而安石則師其意者也。

安石既欲實施青苗法，然行之不可以無資本也，由國庫撥給資本，力又有所不逮也。適有常平廣惠倉者，諸路諸州縣莫不有之，而其所儲實棄置於無用之地。安石乃變無用爲有用，而利用之爲資本，其用意之周詳，其眼光之銳敏，至可佩也。而司馬溫公乃言，常平倉爲三代之良法，放青苗錢之害小，廢常平倉之害大，然常平倉之無實惠可以及民，如彼條例司原奏中所述，溫公其能爲之辯護乎，則亦強辭而已。

當時之制，貸青苗錢者，官取其息二分，故議公者指以爲聚斂之據，安石有答曾公立書云：

示及青苗事，治道之興，邪人不利，一興異論，羣聾和之，意不在於法也。孟子惡言利者，爲利吾國利吾身耳，至狗彘食人食則檢之，野有餓莩則發之，是所謂政事，政事所以理財，理財乃所謂義也。一部周禮，理財居其半，周公豈爲利哉！姦人者緣名實之近而欲亂之，以眩上下，其如民心之願何？始以爲不請，而請者不可遏，終以爲不納，而納者不可卻，蓋因民之所利而利之，不得不然也。然二分不及一分，一分不及不利而貸之，貸之不若與之，然不與之而必至於二分者何也，爲其來日之不可繼也。不可繼則是惠而不知爲政，非惠而不費之道也，故必貸，然而有官吏之俸，輦運之費，水旱之逋，鼠雀之耗，而必欲廣之以待其饑不足而直與之也。則無二分之息可乎？則二分者，亦常平之中正也，豈可易哉，公立更與深於道者論之，則某之所論，無一字不合於法，而世之曉曉者不足言也。

此書殆可謂解釋注意之理由書也。青苗法立法之本意，其善美旣若是矣，然則可行乎？曰：不必其可行也。善而不可行何也，且安石在鄞行之而效，而猶疑其不可行，何也？曰：一縣非全國之比也，一縣者，安石之所得自爲也；全國者，非安石之所得自爲也；是故當時抑配有禁矣。（抑配者謂強民使貸也）而有司以盡數俵散爲功，雖欲不抑配焉而不可得也，災傷則有下料造納之條矣。（謂遇凶年則於次期補納所貸也）而年歲豐凶不常，凶之數尤夥，而有司因得以上下其手，雖欲不至於累年積壓而不能也。此二弊者，惟韓魏公歐陽公之奏議，言之至詳。

猶有進者，青苗法者，不過一銀行之業耳。欲恃之以摧抑兼并，其效蓋至爲微末，而銀行之爲業，其性質乃宜於民辦而不宜於官辦。但使國家爲之詳定條例，使貸者與貣者交受其利而莫能以相病，而國家復設一中央銀行，以爲各私立銀行之樞紐，而不必直接與人民相貸貣，則其道得之矣。（從梁任公說）安石之爲此，所謂代大匠斲易傷其手也。雖然，此立夫今日以言之耳。若在當時，人民既無有設立銀行之能力，而舉國中無一金融機關，而百業坐是凋敝，安石能察受敝之原，而創此法以救治之，非有過人之識力而能若是耶？夫中國人知金融機關爲國民經濟之命脈者，自古迄今，安石一人而已。

金章宗明昌三年，帝謂宰臣曰：「常平倉往往有名無實，況遠縣人戶，豈肯跋涉，直就州府糴糴，可爲縣置倉，令州縣官兼提控管勾。」遂定制縣距州六十里內，就州倉，六十里外，則特置，舊擬備戶口三月之糧，恐數多致損，改令戶二萬以上，備三萬石，一萬以上，備二萬石，一萬以下五千以上，備一萬五千石，五千戶以下，備五千石。（金史）

元中統二年，置和糴所。元史食貨志曰：「和糴之名有二，曰市糴糧，曰鹽折草，率皆增其直而市於民，於是邊庭之兵不乏食，京師之民不乏芻，而民亦用以不困。」

至元元年，立常平倉，

明清兩代亦置常平倉，惟不及預備倉（即義倉）之多耳。

第三項　社倉之沿革

考吾國社倉法，在朱子以前已有類似之議論，不過朱子集其大成而已。實言之，社倉法乃由隋唐義倉與王安石青苗法之蛻變而又加以改良者；至於社倉法較義倉與青苗法爲一種進步組織，自不待言。朱子自云：

有生之類，莫非同體，惟君子爲無有我之私以害之，故其愛人利物之心爲無窮，特窮而在下，則禹稷之事，有非其分之所得爲者，然苟其家之有餘，而推之以予鄰里鄉黨，則固吾聖人之所許而未有害於不出其位之戒也。抑凡世俗所以病乎此（卽社倉）者，不過以王氏之青苗爲說耳；以觀乎前賢之論，而以今日之事驗之，則青苗者，其立法之本意固未爲不善也。但其給之也以金而不以穀，其處之也以縣而不以鄉，其職之也以官吏而不以鄉人士君子，其行之也以聚斂亟疾之意而不以慘怛忠利之心；是以王氏能行之於一邑而不能行之於天下。子程子嘗極論之，而不免悔其已甚而有激也。（婺州金華縣社倉記）

觀此可知社倉法之本意與青苗法同，其略異者，卽以穀而不以金，以鄉而不以縣而已。至其以穀而不以金者，乃得之義倉而改良者，其痕跡由朱子建安五夫社倉記可觀出之：

成周之制，縣都皆有委積以待凶荒，而隋唐所謂社倉者，亦近古之良法也，今皆廢矣。獨常平義倉尚有古之遺意；然皆藏於州縣，所恩不過市井惰游輩，至於深山長谷，力穡遠輸之民，則雖饑餓死而不能及也。又其爲法太密，使吏之避事畏法者，視民之殍而不肯發，往往全其封鐍，遞相傳授，或至累數十年不一訾省，一旦甚不獲已，然後發之，則已化爲浮埃聚壤而不可食矣。夫以國家愛民之深，其慮豈不及此；然而未有所改者，豈不以里社不能皆有可任之人，欲一聽其所爲，則懼其計私以害公，欲謹其出入，同於官府，則鉤校靡密，上下相遁，其害又必有甚於前所云者，是以難之而有弗暇耳。

此闡明義倉之弊害頗詳。

至朱子社倉法既取自安石之青苗法，前已言之矣，近人梁啓超亦曰：

……後此有陰竊青苗法之實而陽避其名者，則朱子之社倉法是也。其法取息十二，夏放而冬收之，此與青苗何異？朱子行之於崇安而效，而欲以施之天下，亦猶荆公行之於鄞而，效而欲以施之天下也。夫朱子平日，固痛詆荆公，謂其汲汲財利，使天下嚣然喪其樂生之心者也，乃倡社倉議，有詰之者，則奮然曰：介甫獨散青苗一事是耳，（俱見朱子語類）夫介甫果汲汲財利耶？介甫之是者，果獨青苗一事耶？毋亦是其所謂是而已。（王荆公）

任公持論頗平允，至其謂朱子社倉法「陰竊青苗法之實而陽避其名」則未免言之過甚。

社倉自朱子創辦以後，歷代皆盛行於各地城鎮鄉村，人民在荒年所享受社倉之利，較常平倉義倉既大且多，常平倉與義倉現今既已絕迹，而惟獨社倉，在各地尙有存者。吾國社倉既創始於朱子，如欲知社倉之沿革性質暨辦理手續等，不可不援引朱子之社倉法：

臣所居建寧府崇安縣開耀鄉，有社倉一所，係昨乾道四年，鄉民艱食，本府給到常平米六百石，（常平米本是平價的，不是賑災的，所以以後還要償還）委臣與本鄉土居朝奉郎劉如愚同共賑貸。至冬收到元米。次年夏間，本府復令依舊貸與人戶，冬季納還。臣等申府措置，每石量收息米二斗。自後逐年依舊斂散。或遇小歉，即蠲其息之半，大饑則盡蠲之，（指息米說，元米仍早晚收回。）至今十有四年，量支息米，造成倉廒三間收貯，已將元米六百石納還本府。其現管三千一百石，并是累年人戶納到息米。已申本府照會，將來依前斂散，更不收息，每石只耗米三升。係臣與本鄉土居官及士人數人，同其掌管。遇斂散時，卽申府差縣官一員，監視出納。以此之故，一鄉四五十里之間，雖遇凶年，人不闕食。竊謂其法可以推廣行之他處。請特依義役體例，行下諸路軍州，曉諭人戶，有願依此置立社倉者，州縣量支常平米斛，責與本鄉出等人戶，主執斂散，每石收息二斗，仍差本鄉土居官員士人有行義者，（卽既非官員又非士人而道德高者）與本縣官同其出納。收到息米十倍本米之數，卽送元米還官，却將息米斂散，每石只收耗米三升。其由富豪情願出米作本者，亦從其便，息米及數，亦與撥還，（卽不受他人慈惠捐助之意。）如有鄉土風俗不同者，則許隨宜立約，申府遵守，（卽許人民以絕對之自由，以自由的處理社倉事務，官府絕不加以干涉。其所謂「申府遵守」者，不過是一種呈報手續，與今日所謂註册或立案相同。）實爲永遠之利。其不願置立去處，官司不得抑勒，則亦不騷擾。此皆今日之言，雖無所濟於目前之急，然實公私儲蓄，預備久遠之計，及今歉歲施行，人必願從者衆。（社倉勑命）

茲再將朱子所擬社倉辦法錄之如下：

一、逐年五月下旬新陳未接之際，預於四月上旬申府，乞依例給貸；仍乞選差本縣清強官一員，人吏一名，斗子一名，前來與鄉官同其支貸。

一、申府差官訖，一面出榜排定日分，分都支散，先遠後近，一日一都。曉示人戶，產錢六百文以上，及自有營運衣食不闕，不得請貸。各依日限具狀結保，（狀中書大人小兒之口數）每十人結為一保，如遞相保委（即連環保）如保內逃亡之人，同保均備。取保十人以下，不成保不支。正身赴倉請米，仍仰社首保正副隊長大保長並各赴倉識認面目；照對保簿，如無偽冒重疊，即與簽押保明。其社首保正等人不保，而掌主保明者聽。其日，監官同鄉官入倉，據狀依次支散。其保明不實則別有情弊者，許人告首，隨事施行。其餘即不得妄有邀阻。如人戶不願請貸，亦不得妄有抑勒。

一、收支米用淳熙七年十二月本府給到新漆黑官桶及官斗，仰斗子，（皆升斗名，）依公平量。其監官鄉官人從，逐廳只許兩人入中門，其餘并在門外，不得近前挨拶，攙奪人戶所請米斛。如違，許被擾人當廳告覆，重作施行。

一、豐年如遇人戶請貸官米，即開兩倉，存留一倉。如遇饑歉，則開第三倉，專賑貸深山窮谷耕田之民，庶幾豐荒賑貸有節。

一、人戶所貸官米，至冬納還，不得過十一月下旬。先於十月上旬，定日申府，乞依例差官帶吏斗前來，公共受納，兩平交量。舊例每石收耗米二斗，今更不收上件耗米。又慮倉廒折閱，無所從出，每石量收三升，准備折閱，及支吏斗等人飯米。其米正行附歷收支。

一、申府差官訖，即一面出榜，排定日分，分都交納，先近後遠，一日一都。仰社首隊長告報保頭，告報人戶，遞相糾率，造一色乾硬糙米，具狀，同保共爲一狀，未足不得交納。如保內有人逃亡，即同保均備納足，赴倉繳納。監官鄉官吏斗等人，至日赴倉受納，不得妄有阻節，及過數多取。其餘幷依給米約束施行。其收米人吏斗子，要知首尾；次年夏支貸日，不可差換。

一、收支米訖，逐日轉上本縣所給印歷。事畢日，具總數申府縣照會。

一、每遇支散交納日，本縣差到人吏一名，斗子一名，社倉算交司一名，倉子兩名；每名日支飯米一斗，約半月發遣裹足米二石，共計米一十七石五斗。又貼書一名，貼斗一名，各日支給飯米一斗，約半月發遣裹足米六斗，共計四石二斗。縣官鄉官人從共十七名，每名日支飯米五升，十日共計米八石五斗。

巳上共計米三十石二斗。一年收支兩次，共用米六十石四斗。逐年蓋牆并買藁薦收補倉廒，約米九石。通計米六十九石四斗。

一、排保式，某里第某都社首某人，今同本都大保長隊長，編排到都內人口數下項。

一、請米狀式，某都第某保隊長某人，大保長某人，下某處地方保頭某人等幾人，今遞相保委，就社倉借米，每大人若干，小兒減半，候冬收日，備乾硬糙米，每石量收耗米三升，前來送納。保內一名走失事故，保內人情願均備取足，不敢有違。謹狀。

一、簿書鎖鑰，鄉官公共分掌。某大項收支，須同監官簽押。其餘零碎出納，即委鄉官公共掌管。務要均平，不得循私容情，別生奸弊。

一、如遇豐年，人戶不願請貸，至七八月而產戶願請者聽。

一、倉內屋宇什物，仰守倉人常切照管，不得毀損及借出他用。如有損失，鄉官檢點勒守倉人備償。如些小損壞，逐時修整。大段改造，臨時具因依申府乞撥米斛。

以上引朱子社倉法，吾人閱之難免疑其官氣太重，以為非純由人民自治辦法，若嚴密探討，仍完全由人民自治者。朱子奏疏，即建議一社倉之法律案，請由政府頒行。即如現今頒布民商法等私法相同；不過指示人民一條辦法，其設立與否，人民有絕對之自由，且其如何設立，如何辦法，亦頗自由。總之，如政府頒布公司條例銀行條例等，並非強制人民非設立公司或銀行不可；不過指示一條辦法，如人民欲設立公司或銀行，可依該條例享有種種特權而已。朱子所謂「有願依此置立社倉者，州縣量支常平米斛」云云，即國家對於社倉加以補助之意。又朱子社倉法中，有請求官府監視出納辦法，殊非合適，但此乃晦庵過信官僚公正心理，然亦不過使彼輩作公正人而已。彼輩對於社倉經營上，並無何等權力。試觀朱子所擬辦法，一切社倉事宜，全由本鄉土居官員（即任家居之官吏即地方縉紳是）士人（舉人秀才之類）與有行義者辦理，官吏不過單純監視出納而已。況官吏之監視社倉事宜，并非其正當職權，乃其特別義務，即當人民請求其出席監視社倉之出納時，該官吏不得不應其請求而出席，如人民不請求時，彼當然無強制出席監視出納之權利。因此種行爲非該官吏正當職權，故人民對於該官吏之勞務，尙須另行支給報酬，由此尤足證明社倉乃人民自治事業，幷非官吏本身之事矣。

自後歷代社倉辦法，大抵不出乎朱子所訂，不過嗣後社倉亦日漸離於官吏之干與，而入於人民純然自治之境矣。然吾國古代地方自治事業，並非平民一般的，乃由三數地方縉紳代表的，故社倉雖謂爲自治事業，仍係少數縉紳之事業，幷非一般平民自治之事業焉。

明嘉靖八年，令各撫按設社倉。

令民二三十家爲一社。擇家殷實而有行義者一人爲社首，處事公平者一人爲社正，能書算者一人爲社副，每朔望會集，別戶上中下，出米四斗至一斗有差，斗加耗五合，上戶主其事。年饑，上戶不足者量貸，稔歲還倉；中下戶酌量賑給，不還倉。有司造册送撫按，歲一察覈，倉虛，罰社首出一歲之米。

按此辦法，乃混合義倉之辦法者，然其使人民分任職守，以自己互相監督，可謂爲防弊之良法也。

清康熙四十二年令置社倉，諭於各村莊設立社倉以備饑荒，如直隸設立社倉果有益於民生，各省亦照此例。嗣廷臣等議定社倉之穀於本鄉捐出，卽貯本鄉，令誠實之人經管，上歲加謹收貯，中歲糶借易新，下歲量口發賑。嗣於三年內直屬勸捐米穀共七萬四千九百七十石有奇，出借窮民得息米一千五百五十一石有奇，又四十四年永保二府陸續捐穀四百三十五石有奇，巡撫以聞，議准俱令於各屬社倉存貯。

雍正七年，頒發社倉諭旨，令陝西督撫鄂石布之於民，文云：

朕惟國家建立社倉，原令民間自行積貯，以百姓之貲糧，濟百姓之緩急，其春貸秋償及滋生羨息，各社自爲經管登記；地方有司，但有稽查之責，不得侵其出納之權，此社倉之古法也。是以各省有請立社倉者，朕皆令其聽從民便，無得強勒捐輸，繩以官法，以致便民之舉轉爲民累，所以曉諭各省督撫者，不啻至再至三矣。從前岳鍾琪在京時，請於通省加二火耗內應行裁減每兩五分之數，且暫行徵收，發與民間採買穀石，分貯社倉，俟採買數足，即行裁減。是以暫收耗羨之中，隱寓勸輸之法；實則應行裁減之耗羨，即小民切己之貲財，而代民買貯之倉糧，即小民自捐之積貯。此藏富於民之良法，最爲切而易行；是以俞允所請，令其辦理。乃陝省官員，不知此項穀石本係民貲，又未識從前岳鍾琪奏請之由，以爲收貯在官，即是公物，不肯付民經管，而胥吏司其出納者，遂有勒買勒借之弊，殊非數年以來朕之周咨詳盡多方生養斯民本意矣。今特降諭旨，將朕允從岳鍾琪之請幷岳鍾琪陳奏原委，明白曉示，著署督查朗阿巡撫武格刊石頒布，俾各州縣小民，咸知朝廷經管之蓋藏，實百姓自爲斂散之資用，倘地方官有於社倉穀石，創議交官不交百姓，或指稱原係公項預爲公事侵挪（即挪）之地者，俱以擾撓國政貽誤民生論，從重治罪。其岳鍾琪所擬社倉條約，著戶部鈔錄，交與該督撫分發各州縣，刊刻木榜，於各鄉社倉豎立，以爲永久程式。

觀上列詔書，可知明清兩代社倉之大體矣。自民國以來，常平倉雖已久廢，而義倉社倉，尙間或有存在者，惟現今所存義倉或社倉，無論其名稱如何，大概係混合義倉與社倉之一種制度，欲確定何爲義倉何爲社倉，恐難分辨。

第二節　中國倉制之沿革（下）

第一項　各倉之性質

一　常平倉之性質

常平倉係以官府之財力買賣米穀，以平均市場上米穀價格爲目的，以調劑市場上米穀價格爲目的，收集米穀，由官府管理之，遇必要時平均價格，售之人民。

二　義倉之性質

義倉乃依富者之義捐或特別課税，收集米穀，由官府管理之，在重要之地方，設置倉庫而貯藏之，待荒年或青黄不接之時，散放之以賑濟貧民。所謂義倉之「義」字，卽係仁義道義之意，實含有慈惠救濟之要素，是以富者立於救濟之地位，而貧者立於被救濟之地位也。

三　社倉之性質

社倉係多數人民任意之結合，按其身分湊出適當之米穀，貯藏於所居之村莊中，由設立者公舉管理人，以自動的處理其事務。貯藏米穀，預備凶荒或青黃不接時，貸給鄰里鄉黨，互相救濟。按斯「社」字，我國古代以二十五家爲一社，乃鄰里鄉黨以謀公共事業之結合，實含有平等的之意，且其散放，係以貸借，並非片面之賑濟，故社倉有涵養人類互助之美德者也。

按以上三倉，常平倉以調劑米穀價格爲其直接之目的，其辦法，係以官府財力買賣米穀；而義倉社倉以預備荒年救濟貧民爲其直接目的，其辦法并非買賣米穀。故常平倉與義倉最易於區分；而義倉與社倉則難以區分，觀上所述，蓋可知也。再就管理方面言，義倉須受國家監督，而社倉則純由人民自治。然考社倉沿革，亦多受官府之監督，（參看朱子社倉法）然其監督係由人民請求者，蓋人民信仰官府深，故委托其照料，試觀社倉對於官府之勞力，尚給以相當報酬，尤足證明其辦理社倉事務並非其當然之職務焉。就歷史上言，宋以前俱係義倉，而當時亦有將義倉稱爲社倉，然宋以後，則有時將社倉認爲義倉，亦有時將義倉認爲社倉，是社倉與義倉用語，在沿革上常相混同，此不可不辨者也。

第二項　各倉之利弊

常平倉係當米穀價格低落，一般農民收穫米穀，不能換得其生產費而折賠原本時，國家從速出款收買米穀貯藏之，以提高其價格而利農人；當米穀價格高漲，一般人民收入款項，弗能買得必需之米而致生活不安時，國家從速將所儲之米穀賣出，以低減其價格，而利一般人民。調和米穀價格之漲落，乃常平倉積極的目的，而預防荒年，乃常平倉消極的目的也。然其自體本無甚弊害，其所發生之弊害，多由於自體以外。其所以有此外來之弊害者，大部份因斯種組織的自體，具有此種弱點焉。試觀歷代所發生之弊害，類多基金需用太大，而資額失之過少，當收買時，其實力并不能提高物價，當發賣時，其實力亦不能低減物價，以改常平倉徒有常平之名，而無左右米穀價格之實力，此蓋政府財政薄弱，以致不能發揮常平倉之能力。常平倉既歸官吏管理，而我國官吏，最擅長者卽爲作弊，故每至開倉散放時，米穀已多變爲塵埃。其所以變爲塵埃者，約有兩因：一因官吏作弊侵蝕，故意以陳易新，或竟易以塵埃。一係政府預防官吏作弊，嚴封倉廒，不使輕啓，久之米穀自腐，失其常平之效用。蓋因官吏作弊以致常平倉不能發揮其本能焉。要而言之，常平倉本體雖爲善政之一，而實際上多未能完全發揮其效力，良可慨也。

義倉之組織，其貯藏米穀之目的，即在預備荒年施放賑濟也。就斯種組織之自體的性質論，除助長人民依賴心及減滅人民自助自尊心外，亦無甚弊害。其歷代所發生之弊害，大都爲外部的人爲的。其管理權歸於官吏，既爲官吏所掌握，則爲防弊起見，其啓倉之手續不得不嚴，因是倉廒不易開發，致生諸弊。且既歸官管，則官吏多視該米穀爲官有物，而忘其穀係出自人民之義捐或特別課稅，因此不免與其他官有物同等看待，而竟至忘其目的爲預荒也。又歷代置倉人粟，多在州郡，歲饑散給，而山澤僻遠之民，往往不霑其利，其力能赴州就食者蓋亦鮮少，況所得不足償勞，故朱劉行簡曰：「義倉之粟，當於本縣村鄉多置倉窖，自始入粟，以及散給，悉在其間，大縣七八處，小縣三四處，遠近分布，俾適厥中……庶幾僻遠之民均受其賜，不復棄家流轉道路，此利害之較然者也。」

社倉爲人民任意設立，而官府絕不能干涉者。關於上述諸弊害，社倉則無之，然其所發生之弊害，亦由於自體以外，蓋一般人民知識幼稚，亦不將社倉作爲應歸自由管理之事業。是以社倉雖具有自治自助互濟互助之精神，而事實上毫不能發揮，故終於形成官僚式的縉紳事業，此由於人民能力不足之過也。且社倉既歸少數縉紳管理，則必至不能經營適當，而終歸於失敗，此由於經營者能力不足之過也。

第三節　平糴制度

第一項　平糴之意義及其性質

平糴之法，專爲凶荒賑糴，穀賤則增價而糴，使不害農；穀貴則減價而糶，使不病民；謂之常平者此也。蓋吾國人民生活大半屬於困苦顚連，在公平交易賑貸兼施之候，不過僅免死亡，倘再遇壟斷居奇，則其疾苦更無可告。古人救荒制中，有平準平糴之法，蓋亦所以抑制奸商，保護人民之意也。文獻通考云：「糴者民庶之事，古之帝王，其米粟取之什一所賦而有餘，未有國有而糴粟也。而糴之說，則倣於齊桓公魏文侯之平糴，後世因之，曰常平，曰義倉，曰和糴，皆以平糴藉口者也。然平糴之立法也，所以使民，方其滯於民用也，則官糴之；及其適於民用也，則官糶之。」此爲平糴之意義也。以言其性質出糶穀價較時價減。明張陛救荒事宜云：「平糶之議，所以舒民財也，使與市糶之價僅減毫末猶市糶也，烏在其謂舒民財也？故所糶穀價須比時減三之一爲準；市價平則遞減之，是爲定議。」（見學海類編）入糴穀價比時價增。宋董煟救荒活民書云：「官司糴時不可藉數定價，須視歲上中下熟，一依民間實直，寧每計升高於時價一二文，以誘其來，何患人之不競售哉？蓋官司措置，惟欲救民之病，財用非所較，若以私家理財規式處之，則失其所以常平之意矣。」實爲經驗之談。

平糶制度自以能每歲施行於各地爲佳，若遇凶年弗能中輟。董煟云：「常平法，本無歲不糴，無歲不糶。上熟糴三而舍一，中熟糴二，下熟糴一，此無歲不糴也。小饑則發小熟之斂，中饑則發中熟之斂，大饑則發大熟之斂，此無歲不糶也。近來熟無所糴，饑無可糶，其間有司之吝閉爲埃塵，良可嘆息。」（活民書卷二）董氏所論頗中時弊，即在今世仍不免有如斯景象，洵可憾耳！

第二項　平糶制度之沿革

嘗考糴糶斂散之法，始於齊管仲魏李悝，然管仲之意兼主於富國，李悝之意專主於濟民。管仲從「五穀食米爲民之司命」之出發點上，運用其政治策略，圖國家之富強。彼以爲「歲有凶穰，故穀有貴賤；令有緩急，故物有輕重。人君不理，則畜賈遊於市，乘民之不給，百倍其本矣。」故欲杜蓄賈之兼併，使不受操縱之大害，則惟有由政府制其輕重，時其斂散，方無甚貴甚賤之患，而利歸於上，民亦不失其利。其說要不失爲後世調節民食之準繩也。又曰：

萬物之滿虛，隨時準平。（管子國畜篇）

凡五穀者，萬物之主也。穀貴則萬物必賤，穀賤則萬物必貴。兩者爲敵，則俱不平。故人君御穀物之秩相勝，而操事於其不平之間。（管子國畜篇）

物多則賤，寡則貴；散則輕，聚則重。人君知其然，故視國之羨不足而御其財物；穀賤則以幣予食，布帛賤則以幣予衣，視物之輕重而御之以準。故貴賤可調，而君得其利。（管子國畜篇）

歲有凶穰，故穀有貴賤；令有緩急，故物有輕重。人君不治，則蓄賈游市，乘民之不給，百倍其本。智者有什倍之功，愚者有不賡本之事。人君不能調，故民利有百倍之失。民有飢餓不食者，穀有所藏也，人事不及用不足者，利有所並也。故善者委施於民之所不足，操事於民之所有餘。民有餘，則輕之，故人君斂之以輕；民不足，則散之，故人君散之以重。故君必有什倍之利，而財之擴可平。人君知其然，故守之以準平，大賈蓄家不得豪奪吾民矣。（管子國畜篇）

管子治齊，以守穀爲急務，而通輕重之權爲斂散之法，歲穰，民有餘則輕穀，因其輕之之時，官爲斂糴則輕者重；歲凶，民不足則重穀，因其重之之時，官爲散糶則重者輕。上之人制其輕重之權而因時以斂散，使米價平以便人。又曰：「貴賤可調，而君得其利。」是仲意兼主於富國也。

管子又以粟重而萬物輕，粟輕而萬物重，兩者不衡立，欲殺商賈之利而益農夫，惟有重粟之價。其法：

令卿諸侯藏千鍾，令大夫藏五百鍾，列大夫藏百鍾，富商蓄賈藏五十鍾，內可以爲國委，外可以益農夫之事。

此則囤儲之法也。

李悝爲魏文侯作平糴之法，蓋本於管仲，悝曰：

今一夫挾五口治田百畝，歲收畝一石半，爲粟百五十石，終歲用不足。是故善平糴者，必謹視歲有上中下熟。上熟其收自四，餘四百石；中熟自三，餘三百石；下熟自倍，餘百石。小熟，則收百石，中饑七十石，大饑三十石。故大熟則上糴三而舍一；中熟則糴二；下熟則糴一；使民適足，價平則止。小饑，則發小熟之所斂，中饑，則發中熟之所斂，大饑，則發大熟之所斂，而糴之。故雖遇饑饉水旱，糴不貴而民不散，取有餘以補不足也。行之魏國，國以富強。（漢書食貨志）

察悝立法之心，必使農與人兩不傷，豐與歉兩俱足，是爲養民足食之良法也。

平糴之法，創自管李，春秋戰國曾經一度之施行，嗣後則未之聞。及至漢元鼎二年，桑弘羊拜爲大農丞，因鑒於當時「富者田連阡陌，貧者無立錐之地。又專山澤之利，管山林之饒，荒淫越制，踰侈以相高，邑有人君之尊，里有公侯之富，小民耕豪民之田，見稅什五，故貧民常衣牛馬之衣，而食犬彘之食。」（漢書食貨志董仲舒語）故倡平準法，（一名平糴）主旨由國家農業機關盡聚天下之貨物（農產物）代爲制定物價平準法。蓋由國家舉辦平準功效有二：一、革除往昔單行均輸時代「諸官各自市相與爭物故騰躍，而天下賦輸或不償其僦費諸弊」（平準書）二、「使富商大賈無所牟大利，則反本而萬物不得騰踊」不特可調民食安民居，足民衣，抑且可絕兼幷之路富強國家焉。然吾人於此須注意者，卽管李之平準法，僅適用於穀粟也，而桑弘羊之平準法，則用諸一切商品也，此名同而實異者也。

考平準法之施行，當在元封元年，時弘羊年三十二，平準書記其事曰：

元封元年卜式貶秩爲太子太傅，而桑弘羊爲治粟都尉，領大農，盡代僅筦天下鹽鐵。

其施行果如何乎？又曰：

弘羊以諸官各自市相與爭，物故騰躍；而天下賦輸或不償其僦費，乃請置大農部丞數十人，分部主郡國。各往往置均輸鹽鐵官，令遠方各以其物如異時商賈所轉販者爲賦，而相灌輸，置平準於京師，都受天下委輸。召工官治車諸器，皆仰給大農。大農之諸官，盡籠天下之貨物，貴則賣之，賤則買之。如此，富商大賈無所牟大利，且反本而萬物不得騰踊。故抑天

下物名曰平準。天子以爲然，許之。（平準書）

平準，弗僅施之於京師，五大都各自有之。如是方得其平而不誤時機也。

自京師東西南北，歷山川，經羣國，諸殷富大都，無非街衢五通，商賈之所臻，萬物之所殖者。故聖人因天時，知者因地財。（鹽鐵論力耕篇）

此足證京師之外四方各大都各有因天時地財之不同，而爲平準實施時留伸縮餘地耳。至平準施行以後，於社會上發生若何影響，亦爲吾人所欲悉者，禁耕篇云：「貴賤有平而民不疑，縣官設衡立準，人從所欲，雖使五尺童子適市，莫之或欺。今罷去之，則豪民擅其用而專其利，決市閭巷，高下在口吻，貴賤無常，端坐而民豪，是以養強抑弱而藏於蹠也。強養弱抑，則齊民消。」鹽鐵論輕重篇亦有相同之論。由是可知平準施行之後，洵可足食富國，而糧荒現象無復發生矣。

宣帝五鳳四年，連年豐收，農人少利，當時大司農中丞耿壽昌奏請設倉，以穀賤時增其價而糴，貴時減價而糶，民農稱便。

王莽篡漢後二年，於長安及五都設置五均官，仿周禮泉府之官，行賒貸之法，收滯貨，平物價，藉以均衆庶而抑幷兼。所惜莽室不長，此制旋廢，斯可憾耳。茲列其制如左：

（1）市平（平均的物價）「諸司市常以四時中月實定所掌，爲物上中下之賈，各自用爲其市平，毋拘他所。」

（2）收滯貨「衆民賣買五穀布帛絲綿之物，周於民用而不讎者，均官有以考檢厥實，用其本賈取之，毋令折錢。」

（3）平市「萬物卬貴過平一錢，則以（所收不讎之物以）平賈賣與民。其賈低賤減（于）平者，聽民自相與市，以防貴庾者。」

（4）賒「民欲祭祀喪紀而無用者，錢府以所入工商之貢但賒之，（師古曰：但，空也，徒也，言不取息利也。）祭祀無過旬日，喪紀無過三月。」

（5）貸本「民或乏絕，欲貸以治產業者，均授之，除其費，計所得（而）受息，毋過歲什一。」

莽傳作「賒貸與民，收息百月三。」

其目的：「均衆庶，抑幷兼。」吾人可名之曰「國家社會主義」政策。蓋莽之五均法，與弘羊平準法相似，均用諸一切商品，非僅適用於穀粟而已也。

晉武帝泰始二年詔立平糴法，詔曰：

夫百姓年豐則用奢，凶荒則窮匱，是相報之理也。故古人權量國用，取贏散滯，有輕重平糴之法，理財均施，惠而不費，政之善者也。然此事久廢，天下希習其宜，加以官蓄未廣，言者異同，財貨未能達通，其制更令國寶散於穰歲而上不收，貧弱困於荒年而國無備，豪人富商，挾輕資蘊重積，以管其利，故農夫苦其業而末作不可禁也。今者省徭務本，幷力墾殖，欲令農功益登，耕者益勸，而猶或騰踊至於農人並傷。今宜通糴，以充儉法，主者平議，具爲條制。

然事竟未行，四年始立常平倉，豐糴儉糶，以利民。

南北朝時，南宋文帝因三吳穀貴人飢，令積蓄之家，聽留一年儲，餘皆勒使糶貨，爲制平價。南齊武帝，出上庫錢千萬，於京師及所屬市米買絲綿紋絹布，爲市易平準。北魏孝文帝，令析州縣常調九分之二，京師度支歲用之餘，各立官司，半年糴貯於倉，時儉時減私之十二糶之。豐年則常給，歲凶則直給。北周武帝詔民多乏絕，令公私道俗，凡有貯積粟麥者，皆准口聽留，以外盡糶。

隋文帝開皇年間關中連年大旱，而青兗汴許曹亳陳仁譙豫鄭洛伊款邳等州大水，百姓饑饉，發故城中周代舊粟賤糶與人。

唐高宗永徽六年米價暴貴，出倉粟糶之。（唐書）永隆元年洛州饑饉，減價官糶以救饑人，（唐書）玄宗開元二年詔曰：「天下諸州今年稍熟，穀價全賤，或慮傷農。常平之法，行自往古，苟絕欺隱，利益實多。宜令諸州加時價三錢和糴，不得抑斂，仍交相符，勿許懸久；蠶麥時熟，穀米必貴，即令減價……」十二年以河東北蒲同兩州旱，出倉米減價十錢糶與百姓。天寶十三年，秋霖雨積，京城乏食，太倉米百萬石賤糶濟貧民。（舊唐書）十四年以歲饑，乏減糶賑給，惟自來經辦平糴人員多有舞弊營私，兼有富者冒領之舉，平民反不得實惠，誠堪痛恨，至此始有懲治之令。詔曰：「賑結糴倉，矜貧濟乏之務，從撫實無使隱欺。如官人及富有之家，典正幷僦攬諸色，輒私侵糴，兼有乞取，或虛著人名，詐來請受者，其自五品已上官蔭人等錄奏，當別有處分；六品已下幷白身者使決一頓，仍准法科繩所繇等，不能覺察及自抵犯者，亦與同罪。」（册府元龜）德宗時，劉晏領轉運常平使，通計天下經費，謹察州縣災害，蠲除振救，不使流離死亡，每州縣荒歉有端，則計官所贏，先令曰，獨某物貸某戶民未及困而奏報已行，不直賑救而多賤出以濟民，其得力在嚴州縣旬報，凡天時人事物値均按旬報聞也。（唐書）穆宗長慶二年，以江淮米價踴貴，詔取常平倉斛㪷，減半價出糶，以惠貧民（册府元龜）又王起歷河中節度使，値粟價騰踴，起下令家得儲三十斛，斥其餘以市，否者死，由是廥積成山，民賴以生。（唐書）

宋淳化元年京師貴糴，開廩賤糶。（宋史）三年京畿大穰，物價甚賤，分遣使臣於京城四門置場增價以糴，俟歲饑，卽減價糶與貧民。眞宗景德元年內出銀三十萬付河北經度貿易軍糧，自兵罷後，凡邊州積穀可給三歲卽止市糴，其後連歲登稔，乃令河北河東陝西增糴。大中祥符二年，六年，九年水災蟲傷諸州出常平倉粟麥開場糶之，以平物價。（宋史）仁宗皇祐元年置發運司，權六路豐凶而行平糴之法。熙寧以來，和糴入中之外，又有坐倉博糴，結糴，俵糴，兌糴，寄糴，勸糴，均糴等名目。「推原其故，蓋自眞宗仁宗以還，西北用兵，糧儲闕乏，遂以茶鹽貨物召商人入中，而姦商黠賈，遂至低價估貨高價入粟；國家急仰軍儲，致有此弊。後來懲其弊，所以只取之民，而不復墮商人之計。然至於計其家產而敷之，量其蓄積而括索之，甚至或不償其直，或強敷其數，其爲民病又有不可勝言者蓋始也官爲商所虧，終也民又爲官所虧，其失一也。」（文獻通考）哲宗元祐元年詔常平依舊法罷青苗錢。朱光庭言：「天下青苗錢。除支俵外見在錢數尙多，乞并用收糴可存留斛斗凡遇豐年則添價以糴，遇歲饑則減價以糶，大饑則貸之，候豐歲輸送。」（文獻通考）乾道八年水旱命以常平米賤糶，以義倉米賑濟。咸淳二年命分助衢州饑。監察御史趙順孫言：「今日急務莫過於平糴，乾道間郡有米斗直五六百錢者，孝宗聞之，即罷其守，更用賢守，此今日所當法者。今粒食翔湧，未知所由市井之間見楮而不見米。推原其由，實富家大姓所至閉廩，所以糴價愈高，而楮價陰減，陛下念小民之艱食爲之發常平倉，然爲數有限，安得人人而濟之，願陛下課官吏使之任牛羊芻牧之責，勸富民使之無秦越肥瘠之視。糴價一平，則楮價不因之而輕，物價不因之而重矣。」（宋史食貨志）所論頗中時弊。

元世祖至元二年，設大都城南等處官米舖，從便賑糶，以濟貧民。（康濟錄）成宗詔增置京師賑糶米肆，以平米價。（續通考）又中統四年，詔立燕平準庫，以平物價，至元二年，立諸路平準庫，以均天下。（續通典）

明洪武元年立預備倉糴穀收貯以備賑濟。明楊溥云：「洪武年間，每縣於四境設立倉場，出官鈔糴穀，儲貯其中，又於近倉之處，僉點大戶看守，以備荒年賑貸，官籍其數，斂散皆有定規。又於縣之各鄉，相地所宜，開濬陂塘，及修築濱江近河損壞堤岸，以備水旱，耕農甚便。」成化六年以京城米貴發倉糧減糶。天啓四年杭州饑出倉平糶。英宗因京師米貴，命戶部將官俸預放三月，不足，再將東西倉米價發糶。（臣鑒錄）周忱撫蘇州，行賑糶二法：一坊郭糶法。擇諸城寬敞空屋儲粟。不限時日，平價零糶，米計升，穀計斗。二鄉村糶法。先淸保甲，前一月出示，限次月日，排期輪保出糶，以免壅滯；其數則限於三五石。其糶處爲求民便，富人有強奪貧人糴者，用張詠連坐法：一家犯罪，十家拘連。其糶本皆官籌，有民出者，則旌之。（汪志伊荒政輯要）

淸制荒政則例十二、三曰平糶，穀賤傷農，則增價以糴，穀貴傷民，則減價以糶，倉名常平，此常法也。歲若大飢，有司先酌時價應減之數，以報督撫，覈定具奏，卽與施行。設廠城中及四鄉，示期出糶，以濟民食。其散糶之法，與拯飢同，如倉穀不足，則動庫帑，遣官告糴於鄰省。再不足，則截留漕糧以濟之，俟市價既平而止。發倉儲者，糴穀還者，動庫帑倉，易銀歸庫，截漕糧者，或增入常平，或報部候撥,皆因時酌定,有經理不善者,論如法。(節錄清會典)清代平糶之例,最爲周詳。東華錄所載,關於平糶之詔敕指揮,賑紀中所錄各疆吏對於平糶之措置,美不勝收。順治十七年,議准常平倉穀,春夏糶出,秋冬糴還,平價生息,務期便利,如遇凶荒,卽按數給散災戶貧民之例,蓋其紹端也。

第三項　舉辦平糶之前提條件

平糶制度之意義性質及其沿革既已明矣。玆再進而敍述舉辦平糶之前提條件,然大別之有八:

一、辨保甲　愚在保甲運動之理論與實際一書有云「保甲運動的意義,就在恢復社會秩序,保持地方安寧,掃除建設障礙,實施地方自治。蓋一切建設之興起,全靠社會秩序之安寧,社會秩序沒有恢復,一切建設無從着手,而保甲之實施,卽所以救此弊。因爲按照保甲條例,無論在何市何縣何鄉何墟所有居民,均須列册,以便清查,而在聯保條件下,勸善責過,禁暴詰奸之責任,亦無任規避。」(再版第三頁)不特此也,卽於荒政上有莫大關係焉。明周孔教荒政議云:「…夫是法也,爲弭盜而設,是以治之之道編之也。民情莫不偸安,故其成也難,爲賑飢而設,是以養之之道編之也。民情莫不好利，故其成也易，今遇災賑，正編行保甲之一機矣。合令各府州縣擇廉能佐貳一員專董其事。大概先將城內以治所爲中央，餘分東南西北四方；如東方以東一保，東二保，東三保等爲號，每保統十甲，設保正副各一人，每甲統十戶，設甲長一人；南西北方亦如之。東方自北編起，南方自東編起，西方自南編起，北方自西編起，編至東北而合，方不可易，而序不可亂。次將境內以城郭爲中央，餘外鄉村亦分東西南北四方，其編保甲如在城，法大村分爲數保，中村自爲一保，小村合隣近數村，共爲一保，一保十甲。聽其增減甲數，因民居也；一甲十戶不可增減戶數，便官査也。或餘剩二三戶，總附一保之後，名曰畸零。此皆不分土著流寓而一體編之者也。……或言近歲賑饑皆領於里甲，何獨編保甲以代之？曰保甲，猶里甲也，往昔以相鄰相近故編爲一里，今年遠人散不若見編保甲之民萃聚一處，其査審易集，其貧富易知。」（守山閣叢書內荒政叢書卷四）觀此今後辦賑時，如能運用保甲，則可收事半功倍之效矣。

二、禁抑價　米方大貴，有司樂於市恩，動輒降減米價，以博平民一時歡心。不知米價減，則富戶不樂糶，而四方客米亦不來矣。惟當聽民間自消自長，粟貴金賤，人爭趨金，米價不降自減也。明沈蘭先亦云：「平糶無他法，強抑之不如順導之，官司出示減價，此強抑之也，米少則價騰，米多則價自減，此順導之也。」（圖書集成食貨典二百四十卷）若夫地方富饒，所欠止在於食，則不妨增價以招客粟。（昔范仲淹知杭州，二浙阻飢，穀價方湧，斗計百二十文，仲淹增至百八十，衆不知所爲，仍多出榜文具述杭饑及米價所增之數，於是商賈聞之，晨夕爭先惟恐後，且虞後者既來，米既輻湊，價亦隨減，包拯知廬州，亦不限米價，而買至益多，不日米賤，此皆前賢已行之明驗。）若地多貧民，此法恐不可行，止一不降米價，尚爲穩著。

三、禁閉糴　嘗見曩者省縣官司各專其民，擅造閉糴之令。一省饑，則鄰省爲之閉糴，一縣饑，則鄰縣爲之閉糴。愚按春秋之時，諸侯竊地專封，固不以天下同胞爲念，同盟之國，尚有恤患分災之義，秦饑晉閉之糴，春秋誅之。況今全國一家，爾我同胞，乃各私其民，遇災而不相恤，坐視不救，豈吾人類忍爲之耶？萬一吾境亦饑，又將糴之誰乎？是欲濟吾民而反病吾民也，謂宜重爲之禁。今後災傷去處，鄰界省縣萬勿輒便閉糴。

四、覈戶口　時當饑荒，須先詳覈戶口若干？扣算賑糶之穀若干？賑濟之穀若干？每丁應得若干？先有定局，則無不均之患，而設處之方可早謀矣。

五、無失期　不論賑糶賑施，俱當先期四處張示，定於某日舉行，不可遲誤失期，有辜人心，且虛勞平民奔走。

六、多設給米處　給米須多設處所，派定某處給某處，不致推擠失序。

七、給戶丁牌　領米最易爭擠，多至混數。當照戶編牌，循次領給，則諸弊俱無矣。其牌每戶止寫丁首一人。

八、禁侵欺　舉辦平糶人員品類不同，銀一入目，不免垂涎；糧一到手，不無染指；情弊多端。應由政府嚴訂懲治條例，並由該管當局躬自查察。如發見不法行爲，從嚴懲處，以儆效尤。

以上所舉不過犖犖大者，若讀者須詳加研討，則請閱董煒救荒活民書，林希元荒政叢書，屠隆荒政考，周孔教荒政議，魏禧救荒策等書，不難洞悉矣。

第四節　食物種類之改變

吾國古時災眚幾無歲無之，人民有啼饑號寒之慘，政府訂糧食調劑之策，如倉儲之籌設，平糴之舉辦等，見於史乘者甚夥，前章亦詳引之矣。至臨時救濟之法，除下章所述糧食消費節約外，其次則爲改變食物之種類，惟此項資料見於史者甚尠，茲摘錄如下，藉見一斑：

周禮大司徒以荒政十二聚萬民，五曰舍禁。夫舍禁者，謂舍其虞澤之厲禁，縱民采取以濟飢也。後漢和帝永元五年，令郡縣勸民蓄蔬食，以助五穀。安帝永初三年，大饑，詔長吏案行在所，皆令種宿麥蔬食。桓帝永興二年，詔郡國種蕪菁以助食。唐天復甲子歲，隴西亢陽，民多流散山中，竹皆放花結實，饑民采之舂米而食。宋寧宗嘉定八年，左諫司黃序奏：「雨澤愆期，地多荒白，知杭縣趙師恕請勸民雜種麻粟豆麥之屬，蓋種稻則費少利多，雜種則勞多獲少，慮收成之日，田主欲分官課責輸，則非徒無益，若使之從便雜種，多寡皆爲己有，則不勸而勤，民可無饑，望如所陳下兩浙兩淮江東西等路，凡有耕種失時者，並令雜種，主毋分其地利，官無取其秋……」詔從之。金哀宗天興二年，括蔡城粟，縱饑民出城採食菱芡水草，是則古時饑年食蕨根煮野菜拾橡子採聖米，凡可以度命之計者，隨所在而爲之，毫不加以選擇也。降至明代，周憲王著有救荒本草，選擇草木野菜之可食者，凡四百一十四種，見舊本草者，一百三十八種，新增者二百七十六種云。若遇荒歲，按圖而求之，隨地皆有，無艱得者，苟如法采食，可以活命，是書也，有功於生民大矣。清乾隆末年，察哈爾都統烏爾圖納奏蘇尼持二旗，連年荒旱，幸野外滋生楚拉啓勒（即沙蓬米）甚豐，比戶俱收存禦冬，臣所管戈壁十餘站，亦廣生此物，謹囊封進呈。清高宗嘗製詩紀之。是米嘗之鮮有滋味，而荒年賴以全活者甚衆也。是明清兩代於荒政之重視，似較前代更進一籌也。其尤異者，王莽時，南方枯旱，米石價二千，莽使民煮木爲酪，酪不可食，重爲煩擾，又令饑人掘鳧茈食之。宋董煟曰：「木豈可煮以爲酪，莽之規模如此，其卽日敗亡也宜哉。」（救荒活民書）

總之，吾國古時糧荒之際，政府雖有改變食物種類之心，而實無改變食物種類之法；於是一遇荒歲，卽束手無策！既不得糧食之代替物，而對於食料亦不知加以選擇，致有煮木爲酪之舉，而人民有楞復之虞，可慨也夫！

第五章　歷代糧食消費節約政策

吾國糧食調劑制度見於史乘者，均有經常之制；（如義倉平糶等）但天災人禍，不測之阨，尤足以困傷民生。每見歲時災眚，中等小康之家，轉爲貧民，貧窮之民，流爲餓莩。古代政府，每值地方饑荒，恆佈臨時辦法，以資補救。所以濟經常制度之窮也。所謂臨時辦法者，亦卽糧食消費節約政策是也。蓋政府以歲時饑饉，人民生命維艱，雖爲天災所使然，而亦因人民之糧食消耗過度所致也。故其救濟之法，卽在減少食物之靡費焉。茲分述如下：

減少食物——吾國古時君主每遇饑荒，特詔減膳，並以身作則爲天下倡。良以吾人多食實足致疾病衰弱，今之歐美諸國，遇糧食缺乏，亦提倡減餐，大概效法於吾國古代也。爰次錄歷代減膳之政令如左：

漢宣帝本始四年以歲不登，詔太官損膳省宰，樂人使歸就農。晉武帝咸寧五年以百姓饑饉，減御膳之半。成帝咸康二年旱，詔太官減膳。北齊武成帝河清四年以穀不登，減百官食。後魏正光後，四方多事，加以水旱，國用不足，有司奏斷百官常給之酒，計一歲所省米五萬三千五十四斛九升，蘗穀六千九百六十斛，麵三十萬五百九十九斛。其時郊廟百神羣祀，依式供營，遠蕃使客，不在斷限。爾後盜賊轉衆，諸將出征，相繼奔敗，帑藏益以空竭，有司又奏內外百官及諸蕃客稟食及肉悉二分減一，計歲省肉百五十九萬九千八百五十六斤，米五萬三千九百三十二石。（魏書食貨志）唐太宗貞觀元年以旱饑減膳，十七年詔亦如之；高宗顯慶元年以近畿百姓歲凶少食，特詔減膳。嘗曰：「國以人爲本，人以食爲天，百姓不足，君孰與足。」上元二年以蟲患減膳撤樂；中宗神龍二年京師旱，河北水，避正殿減常膳；睿宗先天二年以旱減膳，二年詔亦如之；元宗開元三年以旱減常膳，七年詔亦如之；德宗貞元二年以歲饑罷元會，御膳之費減半，宮人月共糧米都一千五百石，飛龍馬減半料。文宗太和七年以旱撤樂減膳；宣宗大中九年以旱減上供饋。宋高宗紹興五年以久旱減膳。

以上所述，以唐代爲多，而宋以下鮮見紀載。又節省食物，多由於君主自爲，或推及百官，至普遍施行亦鮮見也。(周禮大司徒廩人(主藏米之官長)掌九穀之數，以待國之匪頒賙賜稍食，以歲之上下數邦用，以知足否，以詔穀用，以治年之凶豐。凡萬民之食食(食謂一月之食)者人四鬴(六斗四升曰鬴)上也；人三鬴(每人一月食三鬴)中也，人二鬴(每人一月食二鬴)下也。若食不能人二鬴，則令邦移民就穀，詔王殺邦用。)

禁米釀酒——糧食之消耗於有害無益者，莫若釀酒。飲酒之風，全國盛行，糜費糧食，至不可以量計。惟向無統計，不可稽考。吾國古時每遇饑荒，輒禁酤酒，以資節約糧食，法至善也。茲將歷代禁酒之令錄左，可見一斑：

周禮酒誥：厥或告曰羣飲，汝勿佚，盡執拘以歸于周，予其殺。此刑亂國用重典也。周官萍氏，幾酒謹酒，而司虣禁以屬遊飲食於市者；若不可禁，則搏而戮之，此刑平國用中典也。一獻之禮，賓主百拜，終日飲酒而不得醉焉，則未及乎刑而坊之以禮也。故成康以下，天子無甘酒之失，卿士無酣歌之愆；至於幽王，而天不湎爾之詩始作，其教嚴矣。漢興，蕭何造律，三人以上，無故羣飲，罰金四兩。景帝中元羡年夏旱，禁酤酒。後元年夏，令民得酤酒。武帝天漢三年初，榷酒酤。昭帝始元六年，用賢良文學之議罷之，而猶令民得以律占租賣酒升四錢，遂以爲利國之一孔，而酒禁之弛，實濫觴於此。然史之所載，自孝宣以後，有時而禁，有時而開：——宣帝時復禁民酤，後漢和帝永元十六年詔兗豫徐冀四州比年雨多傷稼，禁酤酒；順帝漢安二年十月丙午禁酤酒；桓帝永興三年九月詔曰：朝政失中，雲漢作旱，川靈涌水，蝗蟲遺蔓，殘我百國，大陽虧光，饑饉薦臻，其不害郡縣，當爲饑餒者儲，天下一家，趣不糜爛，則爲國寶，其禁郡國不得賣酒，祠祀裁定。獻帝建安中年饑兵興，曹公表制禁酒。蜀先主時以天旱禁酒，釀者有刑。晉孝武帝太元八年十二月庚午，以寇難勑平，開酒禁。安帝隆安五年以歲饑禁酒，義熙三年二月己丑大赦，除酒禁。葛洪論當時禁酒狀況甚詳，如曰：「曩者旣年荒穀貴，民有醉者相殺，牧伯因此輒有酒禁，嚴令重申，官司搜索收執，榜徇者相屬，制鞭而死者大半，防之彌峻，犯者至多，至乃穴地而釀，油囊懷酒，民之好此，可謂篤矣！又臨民者雖設其法而不能自斷斯物，緩己急人，雖令不從，弗躬弗親，庶民弗信，以此而禁，禁安得止哉？治賣之家廢業，則因遂修歸賂遺，依憑權右，所屬吏不敢問，無力者獨止，而有勢者擅市張鑪，專利乃更倍售，從其酤賣，公行靡憚，法輕利重，安能免乎哉！」（抱朴子）當時政治之黑暗，由此覘之矣。前趙劉曜命民季秋農功畢乃聽飲酒，後趙石勒以民始復業資儲未豐，於是重制釀，郊祀宗廟皆用醴酒，行之數年，無復釀者。宋太祖元嘉十二年夏六月斷酒，時揚州諸郡大水，揚州西曹主簿沈亮以爲酒糜穀而不足療飢，請權禁止，詔從之。二十一年正月己亥南徐南豫州揚州及浙江江西幷禁酒。二十二年乙未開酒禁，南齊武帝永明十一年詔以水旱權斷酒。魏文成帝太安四年正月丙午始詔酒禁，釀酤飲者皆斬之，是時年穀屢登，士民多因酒酗訟，或議國政，故一切禁之。獻帝卽位開酒禁，吉凶賓親各有程日。正光後國用不足，有司奏斷百官常給之酒。東魏孝靜帝天平四年閏九月，禁京師酤酒，元象元年四月開酒禁。北齊武成帝河淸四年二月壬申以穀不登，禁酤酒。後主天統五年十月壬戌詔禁造酒，武平六年閏八月辛巳，開酒禁。後周武帝保定二年癸丑以久雨，京城三十里內禁酒。隋文帝開皇三年罷酒坊與百姓共之。唐高祖武德二年閏月詔禁屠酤；高宗咸亨元年七月庚戌以粟麥貴禁酒，玄宗開元二年十一月以歲飢，禁京城酤酒，肅宗乾元元年以歲饑，禁酤酒。二年十月禁酤酒，除光錄供進祭祀及宴蕃客外一切禁斷。代宗卽位（時在寶應二年三月）以泰陵乾陵發引，詔禁酤酒；廣德二年十二月詔天下州縣各量定酤酒戶，隨月納稅，除此之外，不問官司一切禁止。自此名禁而實許之，酤意在榷錢而不在酒矣。宋初諸路未盡禁酒，吳越之禁，自錢氏始；京西禁自太平興國二年。仁宗乾興初言者以天下酒課月比歲增，無有藝極，非古禁羣飲節用之意。孝宗淳熙中李燾奏，謂設法勸飲以斂民財。此榷酤之弊也。遼興宗景福元年以薊州黃龍府饑，詔不得造酒糜穀。又禁職官不得擅造酒糜穀，有婚祭者司給文始聽。金熙宗天會十三年正月甲戌，詔公私禁酒。海陵正隆五年禁朝官飲酒，犯者死，三國人侈燕飲者罪，六年判大宗正徒單貞益都尹京安武軍節度使爽金吾衞上將軍阿速飲酒，以近屬故杖貞七十，餘皆杖百。世宗大定十四年詔猛安謀克之民，今後不許殺生祈祭，若遇節辰及祭天日許得飲會，自二月至八月終幷禁絕飲燕，不許赴會他所，恐妨農功，雖閒月亦不許痛飲，犯者抵罪；十八年三月乙巳，命戍邊女眞人遇祭祀婚嫁節辰許自造；二十九年十二月戊戌，禁宮中上直官及承應人毋得飲酒。哀帝天興二年九月禁公私釀酒。元世祖至元十三年以冬無雨雪，春澤未降，遣使問便民之事於翰林國史院，耶律鑄姚樞王磐竇默等曰：「足食之道，惟在節用，糜穀之多，無踰醪醴麴糵；況自周漢以來有明禁，祈賽神社，費亦不貲，宜一切禁止。」從之。五月癸巳申嚴大都酒禁，犯者籍其家貲，散之貧民；十五年四月以時雨露霑足，稍弛酒禁，民之衰疾飲藥者，官為醞釀量給之，十一月甲午開酒禁，十八年三月禁甘肅瓜沙等州酒；十九年四月申嚴酒禁，私造者，財產女子沒入官，犯人配役，九月辛未以歲登開諸路酒禁；二十二年甘州饑禁酒，三十一年以甘肅等處米價踴貴，詔禁釀酒；成宗大德六年陝西旱禁民釀酒；七年十二月乙酉弛京師酒課，許貧民釀酒，八年大都酒課提舉司設糟房一百所；（九年併為三十所每所一日所醞不許過二十五石之上。）九年正月壬申弛大都酒禁；十一年杭州一郡，歲以酒糜米麥二十八萬石，詔禁之；又山東河南江浙饑，詔亦如之。武帝至大元年中書省言杭州一郡歲以酒糜米麥二十八萬石，禁之便，河南益都亦宜禁之，制可。二年二月甲戌弛中都酒禁，十月辛酉弛酒禁，立酒課提舉司。仁宗皇慶三年禁釀酒，延祐元年以歲荒，禁釀酒。英宗至治元年諸路饑禁酒。文宗天曆元年災傷等路禁釀酒。順帝至正六年陝西饑禁酒，十五年上都饑嚴禁酒。明太祖戊戌年十二月下令禁酒，丙午年二月下令禁種糯。其略曰：「予自興業江左，十有二年，德薄才菲，懼弗勝任！但以軍國之費，不免科征於民，而吾民効順，樂於輸賦，固為可喜！然竭力畎畝，所出有限，而過取之重，心甚憫焉！故凡有益於民者，必力行而申告之，曩以民間造酒醴糜米麥，故行禁酒之令。今春米麥價稍平，予以爲頗有益於民，然不塞其源，而欲遏其流不可得也。其令農民今歲無得種糯，以塞造酒之源；欲得五穀豐積而價平，吾民得所養以樂其生，庶幾養民之實也。」（明太祖實錄）

節省費用——至遇饑荒而緊縮政用節省消費以資救濟者，則周禮言之綦詳，前已略行之矣。墨翟亦云：「五穀豐收，則五味盡御於主，不盡收則不盡御。一穀不收謂之饉，二穀不收謂之旱，三穀不收謂之凶，四穀不收謂之餽，五穀不收謂之饑。饉則士大夫以下皆損祿五分之一，旱則損五分之二，凶則損五分之三，餽則損五分之四，饑則盡無祿，稟食而已矣。故饑凶存乎國，人君徹鼎食，大夫徹縣，士不入學，君朝之衣不革制，諸侯之客，四鄰之使，饔飧而不盛，徹驂騑，涂不芸，馬不食粟，婢妾不衣帛，此告不足之至也。」卽後世遇凶年，戒省恐懼，減膳撤樂，猶是墨子之遺意。夫不足而思節，尚不失爲事後之補救。

此我國歷代之糧食消費節約政策之大略也。

附參考書籍

周禮

二十四史（食貨志河渠志溝洫志）

九朝紀事本末

九通

齊民要術　後魏賈思勰撰

藝文類聚　唐歐陽詢撰

北堂書抄　唐虞世南撰

資治通鑑　宋司馬光撰

皇朝類苑　宋江少虞輯

册府元龜　宋王欽若等撰

救荒活民書　宋董　煟撰
本朝政要策　宋曾　鞏撰
農書　宋陳　旉撰
朱子全集　宋朱　熹著
王臨川全集　宋王安石撰
太平御覽
東坡全集　宋蘇東坡撰
水心文集　宋葉　適撰
初學記　宋徐堅等輯
農桑輯要　元司農司撰
農桑通訣穀譜農器圖譜　元王　楨撰
元典章

農桑食撮要　元魯師善撰
飲膳正要　元忽思慧撰
皇朝經世實用編　明馮應京編
救荒本草　明王朱橚撰
座客贅語　明顧起元撰
海運志　明王宗沐撰
荒政叢書　明林希元輯
救荒事宜　明張　陛撰
荒政考　明屠　隆撰
荒政議　明周孔教撰
大學衍義補　明丘　濬撰
大明會典

農政全書　明徐光啓著
康濟譜　明潘游龍編
明獻徵錄　明焦竑撰
明朝實錄
經濟類編　明馮琦輯
唐類函　明俞安期輯
山堂肆考　明彭大翼輯
野獲編　明沈德符撰
八編類纂　明陳仁錫輯
圖書集成經濟彙編
硃批諭旨　清雍正刊
淵鑑類函

清會典
欽定授時通考
皇朝經世文編　清賀長齡輯
東華錄　清王先謙等輯
光緒朝東華錄
康濟錄　清倪國璉重編
福惠全書　清黃六鴻撰
籌濟編　清楊景仁輯
荒政輯要　清汪志伊輯
皇朝名臣奏議
行水金鑑　傅澤洪輯
日知錄、日知錄之餘　清顧炎武撰

事物會原　清汪　伋撰
洪北江全集　清洪亮吉著
臣鑒錄　清蔣　伊撰
最近之五十年　申報館印行
清代通史　蕭一山著
常平倉之研究　日本本莊榮治郎著
穀物關係論　日本神戶正雄著
支那經濟全書　東亞同文會編
孟子學案　郎擎霄著
上海民食問題
中國荒政史　郎擎霄編
中國古代農荒預防策　于樹德譯（東方雜誌十八卷十四號）

中國保甲制度史　郎擎霄編

（至已出版「保甲運動之理論與實際」爲是書之簡編）

賊情彙纂（述太平天國事）抄本

諭摺彙存（光宣朝）

大越史記前編（孤本・此書可補二十四史外國傳之未備）　明安南刊

國榷　明談遷撰　抄本

各種檔案

敬啟

「民國專題史」叢書，乃民國時期出版的著名學者、專家在某一專題領域的學術成果。所收圖書絕大部分著作權已進入公有領域，但仍有極少圖書著作權還在保護期内，需按相關要求支付著作權人或繼承人報酬。因未能全部聯系到相關著作權人，請見到此説明者及時與河南人民出版社聯系。

聯系人 楊光
聯系電話 0371-65788063